思想者
THINKER

记录时代的精神印记

学国学 用国学

梁启超 著
青山 整理

新世界出版社
NEW WORLD PRESS

图书在版编目（CIP）数据

学国学 用国学 / 梁启超著 ; 青山整理 . -- 北京 : 新世界出版社 , 2017.7

ISBN 978-7-5104-6272-6

Ⅰ . ①学… Ⅱ . ①梁… ②青… Ⅲ . ①国学 – 通俗读物 Ⅳ . ① Z126-49

中国版本图书馆 CIP 数据核字 (2017) 第 096368 号

学国学 用国学

作 者 : 梁启超 著 青山 整理
责任编辑 : 余守斌
版式设计 : 魏芳芳
责任印制 : 李一鸣 王宝根
出版发行 : 新世界出版社
社 址 : 北京西城区百万庄大街 24 号（100037）
发 行 部 :（010）6899 5968 （010）6899 8705（传真）
总 编 室 :（010）6899 5424 （010）6832 6679（传真）
http://www.nwp.cn
http://www.nwp.com.cn
版 权 部 : +8610 6899 6306
版权部电子信箱 : nwpcd@sina.com
印 刷 : 三河市骏杰印刷有限公司
经 销 : 新华书店
开 本 : 880mm × 1230mm 1/32
字 数 : 116 千字 印张 : 8
版 次 : 2017 年 7 月第 1 版 2017 年 7 月第 1 次印刷
书 号 : ISBN 978-7-5104-6272-6
定 价 : 32.00 元

目录

国学入门书要目及读法

序

两月前，《清华周刊》记者以此题相属，蹉跎久未报命。顷独居翠微山中，行箧无一书，而记者督责甚急，乃竭三日之力，专凭忆想所及草斯篇。漏略自所不免，且容有并书名、篇名亦忆错误者，他日更当补正也。

中华民国十二年四月二十六日启超作于碧摩岩揽翠山房

（甲）修养应用及思想史关系书类

论语　孟子

《论语》为二千年来国人思想之总源泉。《孟子》自宋以后势力亦与相埒。此二书可谓国人内的外的生活之支配者，故吾希望学者熟读成诵；即不能，亦须翻阅多次。务略举其辞，或摘记其身心践履之言，以资修养。

《论语》《孟子》之文，并不艰深。宜专读正文，有不解处，方看注释。注释之书，朱熹《四书集注》，为其生平极矜慎之作，可读；但其中有堕入宋儒理障处，宜分别观之。清儒注本，《论语》则有戴望《论语注》，《孟子》则有焦循《孟子正义》，最善。戴氏服膺颜习斋之学，最重实践，所注似近孔门真际；其训诂亦多较朱注为优，其书简洁易读。焦氏服膺戴东原之学，其《孟子正义》在清儒诸经新疏中为最佳本；但文颇繁，宜备置案头，遇不解时，或有所感时，则取供参考。

戴震《孟子字义疏证》，乃戴氏一家哲学，并非专为注释《孟子》而作，但其书极精辟，学者终须一读。最好是于读《孟子》时并读之，既知戴学纲领，亦可以助读《孟子》之兴味。

焦循《论语通释》，乃摹仿《孟子字义疏证》而作，将全部《论语》拆散，标准重要诸义，如言仁，言忠恕……等，列为若干目，通观而总诠之；可称治《论语》之一良法，且可应用其法以治他书。

右两书篇叶皆甚少，易读。

陈沣《东塾读书记》中读《孟子》之卷，取孟子学说分项爬梳，最为精切。其书不过二三十叶，宜一读以观前辈治学方法，且于修养亦有益。

易经

此书为孔子以前之哲学书，孔子为之注解。虽奥衍难究，然总须一读。吾希望学者将《系辞传》《文言传》熟读成诵，其《卦象传》六十四条，则用别纸钞出，随时省觉。

后世说《易》者言人人殊。为修养有益起见，则程颐之《程氏易传》差可读。

说《易》最近真者，吾独推焦循，其所著《雕菰楼易学三书》:《易通释》《易图略》《易章句》，皆称精诣。学者如欲深通此经，可取读之；否则可以不必。

礼记

此书为战国及西汉之“儒家言”丛编，内中有极精纯者，亦有极破碎者。吾希望学者将《中庸》《大学》《礼运》《乐记》四篇熟读成诵；《曲礼》《王制》《檀弓》《礼器》《学记》《坊记》《表记》《缁衣》《儒行》《大传》《祭义》《祭法》《乡饮酒义》诸篇，多浏览数次，且摘录其精要语。

若欲看注解，可看《十三经注疏》内郑注、孔疏。

《孝经》之性质与《礼记》同，可当《礼记》之一篇读。

老子

道家最精要之书，希望学者将此区区五千言熟读成诵。

注释书未有极当意者，专读白文自行寻索为妙。

墨子

孔、墨在先秦时，两圣并称，故此书非读不可。除《备城门》以下各篇外，余篇皆宜精读。

注释书以孙诒让《墨子间诂》为最善，读《墨子》宜即读此本。

《经》上下、《经说》上下，四篇，有张惠言《墨子经说解》及梁启超《墨经》两书可参观；但皆有未精惬处。《小取》篇有胡适新诂可参观。

梁启超《墨子学案》，属通释体裁，可参观助兴味；但其书为临时讲义，殊未精审。

庄子

《内篇》七篇及《杂篇》中之《天下篇》最当精读。注释有郭庆藩之《庄子集释》差可。

荀子

《解蔽》《正名》《天论》《正论》《性恶》《礼论》《乐论》诸篇，最当精读。余亦须全部浏览。

注释书，王先谦《荀子注》甚善。

尹文子　慎子　公孙龙子

今存者皆非完书，但三子皆为先秦大哲，虽断简亦宜一读。篇帙甚少，不费力也。《公孙龙子》之真伪，尚有问题。三书皆无善注，《尹文子》《慎子》易解。

韩非子

法家言之精华，须全部浏览。（其特别应精读之诸篇，因手边无原书，胪举恐遗漏，他日补列。）

注释书，王先谦《韩非子集释》差可。

管子

战国末年人所集著者，性质颇杂驳，然古代各家学说存其中者颇多，宜一浏览。注释书，戴望《管子校正》甚好。

吕氏春秋

此为中国最古之类书，先秦学说存其中者颇多，宜浏览。

淮南子

此为秦汉间道家言荟萃之书，宜稍精读。注释书，闻有刘文典《淮南鸿烈集解》颇好。

春秋繁露

此为西汉儒家代表的著作，宜稍精读。

注释书，有苏舆《春秋繁露义证》颇好。

康有为之《春秋董氏学》，为通释体裁，宜参看。

盐铁论

此书为汉代儒家、法家对于政治问题对垒抗辩之书，宜浏览。

论衡

此书为汉代怀疑派哲学，宜浏览。

抱朴子

此书为晋以后道家言代表作品，宜浏览。

列子

晋人伪书，可作魏晋间玄学书读。

右所列为汉晋以前思想界之重要著作。六朝隋唐间思想界著光采者为佛学，其书目当别述之。以下举宋以后学术之代表书，但为一般学者节啬精力计，不愿多举也。

近思录

朱熹著　江永注

读此书可见程朱一派之理学，其内容何如。

朱子年谱

附朱子论学要语　王懋竑著

此书叙述朱学全面目最精要，有条理。

若欲研究程朱学派，宜读《二程遗书》及《朱子语类》。非专门斯业者可置之。

南宋时与朱学对峙者，尚有吕东莱之文献学一派，陈龙川、叶水心之功利主义一派，及陆象山之心学一派。欲知其详，宜读各人专集；若观大略，可求诸《宋元学案》中。

传习录

王守仁语　徐爱、钱德洪等记

读此可知王学梗概。欲知其详，宜读《王文成公全书》。因阳明以知行合一为教，要合观学问、事功，方能看出其全部人格；而其事功之经过，具见集中各文。故《阳明集》之重要，过于朱陆诸集。

明儒学案

黄宗羲著

宋元学案

黄宗羲初稿　全祖望、王梓材两次续成

此二书为宋、元、明三朝理学之总记录，实为创作的学术史。《明儒学案》中姚江、江右、王门、泰州、东林、蕺山诸案最精善。《宋元学案》中象山案最精善，横渠、二程、东莱、龙川、水心诸案亦好，晦翁案不甚好，百源（邵雍）、涑水（司马光）诸案失之太繁，反不见其真相。末附荆公（王安石）新学略最坏，因有门户之见，故为排斥。欲知荆公学术，宜看《王临川集》。

此二书卷帙虽繁，吾总望学者择要浏览，因其为六百年间学术之总汇，影响于近代甚深，且汇诸家为一编，读之不甚费力也。

清代学术史，可惜尚无此等佳著。唐鉴之《国朝案小识》，以清代最不振之程朱学派为立脚点，偏狭固陋，万不可读。江藩之《国朝汉学师承记》《国朝宋学渊源记》，亦学案体裁，较好。但江氏学识亦凡庸，殊不能叙出各家独到之处，万不得已，姑以备参考而已。启超方有事于《清儒学案》，汗青尚无期也。

日知录　亭林文集

顾炎武著

顾亭林为清学开山第一人，其精力集注于《日知录》，宜一浏览。读《文集》中各信札，可见其立身治学大概。

明夷待访录

黄宗羲著

黄梨洲为清初大师之一，其最大贡献在两《学案》。此小册可见其政治思想之大概。

思问录

王夫之著

王船山为清初大师之一，非通观全书，不能见其精深博大；但卷帙太繁，非别为系统的整理，则学者不能读。聊举此书发凡，实不足以代表其学问之全部也。

颜氏学记

戴望编

颜习斋为清初大师之一，戴氏所编《学记》，颇能传其真。徐世昌之《颜李学》，亦可供参考，但其所集《习斋语要》《恕谷（李塨）语要》，将攻击宋儒语多不录，稍失其真。

顾、黄、王、颜四先生之学术，为学者所必须知，然其著述皆浩博，或散佚，不易寻绎，启超行将为系统的整理记述，以饷学者。

东原集

戴震著

雕菰楼集

焦循著

戴东原、焦里堂为清代经师中有精深之哲学思想者，读其集可知其学，并知其治学方法。

启超所拟著之《清儒学案》东原、里堂两学案，正在属稿中。

文史通义

章学诚著

此书虽以文史标题，实多论学术流别，宜一读。胡适著《章实斋年谱》，可供参考。

大同书

康有为著

南海先生独创之思想在此书，曾刊于《不忍》杂志中。

国故论衡

章炳麟著

可见章太炎思想之一斑，其详当读《章氏丛书》。

东西文化及其哲学

梁漱溟著

有偏宕处，亦有独到处。

中国哲学史大纲上卷

胡适著

先秦政治思想史

梁启超著

将读先秦经部、子部书，宜先读此两书，可引起兴味，并启发自己之判断力。

清代学术概论

梁启超著

欲略知清代学风，宜读此书。

（乙）政治史及其他文献学书类

尚书

内中惟二十八篇是真书，宜精读，但其文佶屈聱牙，不能成诵亦无妨。余篇属晋人伪撰，一浏览便足。（真伪篇目，看启超所著《古书之异伪及其年代》，日内当出版。）

此书非看注释不能解。注释书以孙星衍之《尚书今古文注疏》为最好。

逸周书

此书真伪参半，宜一浏览。

注释书有朱右曾《逸周书集训校释》颇好。

竹书纪年

此书现通行者为元明人伪撰。其古本，清儒辑出者数家，王国维所辑最善。

国语　春秋左氏传

此两书或本为一书，由西汉人析出，宜合读之。《左传》宜选出若干篇熟读成诵，于学文甚有益。读《左传》宜参观顾栋高《春秋大事表》，可以得治学方法。

战国策

宜选出若干篇熟读，于学文有益。

周礼

此书西汉末晚出，何时代人所撰，尚难断定。惟书中制度，当有一部分为周代之旧，其余亦战国秦汉间学者理想的产物，故总宜一读。

注释书有孙诒让《周礼正义》最善。

考信录

崔述著

此书考证三代史事实最谨严，宜一浏览，以为治古史之标准。

资治通鉴

此为编年政治史最有价值之作品，虽卷帙稍繁，总希望学者能全部精读一过。

若苦干燥无味，不妨仿《春秋大事表》之例，自立若干门类，标治摘记作将来著述资料。（吾少时曾用此法，虽无成书，然增长兴味不少。）

王船山《读通鉴论》，批评眼光，颇异俗流；读《通鉴》时取以并读，亦助兴之一法。

续资治通鉴

毕沅著

此书价值远在司马原著之下，自无待言。无视彼更优者，姑以备数耳。

或不读正《资治通鉴》而读九种《纪事本末》，亦可。要之非此则彼，必须有一书经目者。

文献通考　续文献通考　皇朝文献通考

三书卷帙浩繁，今为学者摘其要目：《田赋考》《户口考》《职役考》《市糴考》《征榷考》《国用考》《钱币考》《兵考》《刑考》《经籍考》《四裔考》，必读。《王礼考》《封建考》《象纬考》，绝对不必读。其余或读或不读随人。（手边无原书，不能具记其目，有漏略当校补。）

各人宜因其所嗜，择类读之，例如欲研究经济史财政史者则读前七考。余仿此。

马氏《文献通考》，本依仿杜氏《通典》而作。若尊创作，应举《通典》，今舍彼取此者，取其资料较丰富耳。吾辈读旧史，所贵者惟在原料，炉锤组织，当求之在我也。

《两汉会要》《唐会要》《五代会要》，可与《通考》合读。

通志二十略

郑渔仲史识史才皆迈寻常，《通志》全书卷帙繁，不必读。《二十略》则其精神所聚，必须浏览。其中与《通考》门类同者或可省，最要者，《氏族略》《六书略》《七音略》《校雠略》等篇。

二十四史

《通鉴》《通考》，已浩无涯涘，更语及彪大之二十四史，学者几何不望而却走？然而二十四史终不可不读，其故有二：（一）现在既无满意之通史，不读二十四史，无以知先民活动之遗迹。（二）假令虽有佳的通史出现，然其书自有别裁，二十四史之原料，终不能全行收入。以故二十四史，终久仍为国民应读之书。

书既应读，而又浩瀚难读，则如之何？吾今试为学者拟摘读之法数条。

一曰就书而摘。《史记》《汉书》《后汉书》《三国志》俗称四史，其书皆大史学家一手著述，体例精严，且时代近古，向来学人诵习者众，在学界之势力与六经诸子埒，吾辈为常识计，非一读不可。吾希望学者将此四史之列传，全体浏览一过，仍摘出若干篇稍为熟诵，以资学文之助，因四史中佳文最多也。（若欲吾举其目亦可，但手边无原书，当以异日。）四史之外，则《明史》共认为官修书中之最佳者，且时代最近，亦宜稍为详读。

二曰就事分类而摘读志。例如欲研究经济史、财政史，则读《平准书》《食货志》；欲研究音乐，则读《乐书》《乐志》；欲研究兵制，则读《兵志》；欲研究学术史，则读《艺文志》《经籍志》，附以《儒林传》；欲研究宗教史，则读《北魏书·释老志》。（可惜他史无之。）每研究一门，则通各史此门之志而读之，且与《文献通考》之此门合读。当其读时，必往往发见许多资料散见于各传者，随即跟踪调查其传以读之。如此引申触类，渐渐便能成为经济史、宗教史……等等之长编。将来荟萃而整理之，便成著述矣。

三曰就人分类而摘读传。读名人传记，最能激发人志气，且于应事接物之智慧，增长不少，古人所以贵读史者以此。全史各传既不能遍读（且亦不必），则宜择伟大人物之传读之，每史亦不过二三十篇耳。此外又可就其所欲研究者而择读，如欲研究学术史，则读《儒林传》及其他学者之专传；欲研究文学史，则读《文苑传》及其他文学家之专传。用此法读去，恐只患其少，不患其多矣。

又各史之《外国传》《蛮夷传》《土司传》等，包含种族史及社会学之原料最多，极有趣，吾深望学者一读之。

二十二史劄记

赵翼著

学者读正史之前，吾劝其一浏览此书。《礼记》称“属辞比事，春秋教也”，此书深得“比事”之诀。每一个题目之下，其资料皆从几十篇传中，零零碎碎觅出，如采花成蜜；学者能用其法以读史，便可养成著述能力。（内中校勘文字异同之部约占三分一，不读亦可。）

圣武记

魏源著

国朝先正事略

李元度著

清朝一代史迹，至今尚无一完书可读，最为遗憾，姑举此二书充数。魏默深有良史之才，《圣武记》为纪事本末体裁，叙述绥服蒙古、勘定金川、抚循西藏……诸役，于一事之原因结果，及其中间进行之次序，若指诸掌，实罕见之名著也。李次青之《先正事略》，道光以前人物略具，文亦有法度，宜一浏览，以知最近二三百年史迹大概。

日本人稻叶君山所著《清朝全史》尚可读。（有译本。）

读史方舆纪要

顾祖禹著

此为最有组织的地理书，其特长在专论形势，以地域为经，以史迹为纬，读之不感干燥。

此书卷帙虽多，专读其叙论（至各府止），亦不甚费力，且可引起地理学兴味。

史通

刘知幾著

此书论作史方法，颇多特识，宜浏览。章氏《文史通义》，性质略同，范围较广，已见前。

中国历史研究法

梁启超著

读之可增史学兴味，且知治史方法。

（丙）韵文书类

诗经

希望学者能全部熟读成诵。即不尔，亦须一大部分能举其词。注释书，陈奂《诗毛诗传疏》最善。

楚辞

屈宋作宜熟读，能成诵最佳，其余可不读。注释书，朱熹《楚辞集注》较可。

文选

择读。

乐府诗集

郭茂倩编

专读其中不知作者姓名之汉古辞，以见魏六朝乐府风格。其他不必读。

魏晋六朝人诗宜读以下各家：

曹子建　阮嗣宗　陶渊明　谢康乐　鲍明远　谢玄晖

无单行集者，可用张溥《汉魏六朝百三家集》本，或王闿运五代诗选本。

李太白集　杜工部集　王右丞集　孟襄阳集　韦苏州集　高常侍集　韩昌黎集　柳河东集　白香山集　李义山集　王临川集（诗宜用李壁注本）　苏东坡集　元遗山集　陆放翁集

以上唐宋人诗文集。

唐百家诗选　王安石选

宋诗钞　吕留良钞

以上唐宋诗选本。

清真词（周美成）　醉翁琴趣（欧阳修）　东坡乐府（苏轼）　屯田集（柳永）

淮海词（秦观）　樵歌（朱敦儒）　稼轩词（辛弃疾）　后村词（刘克庄）　白石道人歌曲（姜夔）　碧山词（王沂孙）　梦窗词（吴文英）

以上宋人词集。

西厢记　琵琶记　牡丹亭　桃花扇　长生殿

以上元明清人曲本。

本门所列书，专资学者课余讽诵，陶写情趣之用，既非为文学专家说法，尤非为治文学史者说法，故不曰文学类，而曰韵文类。文学范围，最少应包含古文（骈散文）及小说。吾以为苟非欲作文学专家，则无专读小说之必要。至于古文，本不必别学。吾辈总须读周秦诸子、《左传》《国策》、四史、《通鉴》及其关于思想、关于记载之著作。苟能多读，自能属文，何必格外标举一种，名曰古文耶？故专以文鸣之文集不复录。（其余学问有关系之文集，散见各门。）《文选》及韩、柳、王集聊附见耳。学者如必欲就文求文，无已，则姚鼐之《古文辞类纂》、李兆洛之《骈体文钞》、曾国藩之《经史百家杂钞》可用也。

清人不以韵文见长，故除曲本数部外，其余诗词皆不复列举，无已，则于最初期与最末期各举诗词家一人：吴伟业之《梅村诗集》与黄遵宪之《人境庐诗集》、成德之《饮水词》与文焯之《樵风乐府》也。

（丁）小学书及文法书类

说文解字注

段玉裁著

说文通训定声

朱骏声著

说文释例

王筠著

段著为《说文》正注，朱注明音与义之关系，王著为《说文》通释。读此三书，略可通《说文》矣。

经传释词

王引之著

古书疑义举例

俞樾著

文通

马建忠著

读此三书可知古人语法文法。

经籍籑诂

阮元书

此书汇集各字之义训，宜置备检查。

文字音韵，为清儒最擅之学，佳书林立。此仅举入门最要之数种。若非有志研究斯学者，并此诸书不读，亦无妨耳。

（戊）随意涉览书类

学问固贵专精，又须博涉以辅之。况学者读书尚少时，不甚自知其性所近者为何，随意涉猎，初时并无目的，不期而引起问题，发生趣味，从此向某方面深造研究，遂成绝业者，往往而有也。吾固杂举有用或有趣之各书，供学者自由翻阅之娱乐。

读此者不必顺叶次，亦不必求终卷也。（各书亦随忆想所杂举，无复诠次。）

四库全书总目提要

清乾隆间四库馆，董其事者皆一时大学者，故所作

《提要》，最称精审，读之可略见各书内容。（中多偏至语自亦不能免。）宜先读各部类之叙录，其各书条下则随意抽阅。

有所谓《存目》者，其书被屏、不收入四库者也。内中颇有怪书，宜稍注意读之。

世说新语

将晋人谈玄语分类纂录，语多隽妙，课余暑假之良伴侣。

水经注

郦道元撰　戴震校

六朝人地理专书，但多描风景，记古迹，文辞华妙，学作小品文最适用。

文心雕龙

刘勰撰

六朝人论文书，论多精到，文亦雅丽。

大唐三藏慈恩法师传

慧立撰

此为玄奘法师详传。玄奘为第一位留学生，为大思想家，读之可以增长志气。

徐霞客游记

霞客晚明人，实一大探险家。其书极有趣。

梦溪笔谈

沈括

宋人笔记中含有科学思想者。

困学纪闻

王应麟撰　阎若璩注

宋人始为考证学者，顾亭林《日知录》颇仿其体。

通艺录

程瑶田撰

清代考证家之博物书。

癸巳类稿

俞正燮撰

多为经学以外之考证，如考棉花来历，考妇人缠足历史，辑李易安事迹等。又多新颖之论，如论妒非妇人恶德等。

东塾读书记

陈澧撰

此书仅五册，十余年乃成；盖合数十条笔记之长编，乃成一条笔记之定稿，用力最为精苦，读之可识搜集资料，及驾驭资料之方法。书中论郑学、论朱学、论诸子、论三国诸卷最善。

庸庵笔记

薛福成

多记清咸丰、同治间掌故。

张太岳集

张居正

江陵为明名相，其信札益人神智，文章亦美。

王心斋先生全书

王艮

吾常名心斋为平民的理学家，其人有生气。

朱舜水遗集

朱之瑜

舜水为日本文化之开辟人，唯一之国学输出者，读之可见其人格。

李恕谷文集

李塨

恕谷为习斋门下健将，其文劲达。

鲒埼亭集

全祖望

集中记晚明掌故甚多。

潜研堂集

钱大昕

竹汀在清儒中最博洽者，其对伦理问题，亦颇有新论。

述学

汪中

容甫为治诸子学之先登者，其文格在汉晋间，极遒美。

洪北江集

洪亮吉

北江之学长于地理，其小品骈体文，描写景物，美不可言。

定庵文集

龚自珍

吾少时心醉此集，今颇厌之。

曾文正公全集

曾国藩

胡文忠公集

胡林翼

右二集信札最可读，读之见其治事条理及朋友风义。曾涤生文章尤美，桐城派之大成。

苕溪渔隐丛话

胡仔

丛话中资料颇丰富者。

词苑丛谈

徐釚

唯一之词话，颇有趣。

语石

叶昌炽

以科学方法治金石学，极有价值。

书林清话

叶德辉

论列书源流及藏书掌故，甚好。

广艺舟双楫

康有为

论写字，极精博，文章极美。

剧说

焦循

宋元戏曲史

王国维

二书论戏剧，极好。

既谓之涉览，自然无书不可涉，无书不可览。本不能胪举书目，若举之非累数十纸不可。右所列不伦不类之寥寥十余种，随杂忆所及当坐谭耳。若绳以义例，则笑绝冠缨矣。

要籍解题及其读法

自序

我对于学问，件件都有兴味。因为方面太多，结果没有一方面做得成功。著述更不必说，始终没有专心致志好好地著成一部书。近几年来我名下的出版物，都不过一个学期中在一个学校的讲义，而且每学期所讲总是两门以上的功课，所编总是两种以上的讲义。我生平有种坏癖气，曾经讲过的功课，下次便不愿再讲。每次所讲总是新编的，匆匆忙忙，现蒸热卖，那里能有满意之作！所以每次讲完之后，便将讲义搁起，预备重新校改一番才付印。但每到休讲期间，又贪着读别的书去了；假期满后，又忙着著别的讲义。因此旧稿总没有时候整理，只好把他放在箧底再说。两三年此类的讲稿有好几种哩！这部《要籍解题及其读法》便是其中之一种。

这部讲义是两年前在清华学校讲的。清华当局指定十来部有永久价值的古书，令学生们每学期选读一部或两部，想令他们得些国学常识而且养成自动的读书能力。这种办法，我原是很赞成的。当局因请我把这十几部书的大概和学生们讲讲。我答应了，每隔一星期来讲一次。一学期间，讲了从《论语》到《礼记》这几部。本来下学期还打算续讲，不幸亡妻抱病，跟着出了丧事，我什么功课都做不下去。因此向学校辞职，足足休讲了一年。现在虽再来学校，也没有续讲的机会。

说“要籍”吗，中国最少也有一百几十种。像这部讲义讲的不伦不类几部书，算什么东西呢？何况是现蒸热卖的粗制品，当起稿时已经没有多翻参考书的余裕，脱稿后连复看的工夫也没有。这样作品，如何可以见人？所以许久不愿付印，为此。

清华同学们不答应，说各处纷纷函索传钞，不胜其扰，说现在《清华周刊》要编辑丛书，决定把他充当第一种，已经付印了，而且要求我作一篇序文。我无法拒绝，也只好随顺。

我想，一个受过中学以上教育的中国人，对于本国极重要的几部书籍，内中关于学术思想者若干种，关于历史者若干种，关于文学者若干种，最少总应该读过一遍。但是，生当今日而读古书，头一件，苦于引不起兴味来；第二件，苦于没有许多时间向浩如烟海的书丛中埋头钻研；第三件，就令耐烦费时日勉强读去，也苦难得其要领。因此，学生们并不是不愿意读中国书，结果还是不读拉倒。想救济这种缺点，像“要籍解题”或“要籍读法”一类书，不能不谓为适应于时代迫切的要求。我这几篇虽然没有做得好，但总算在这条路上想替青年们添一点趣味，省一点气力。我希望国内通学君子多做这类的作品，尤其希望能将我所做的加以是正，例如钱先生新近在《清华周刊》发表的《论语解题及其读法》之类。同时我也要鞭策自己，在较近期内对别的要籍能再做些与此同类的工作。

这部书里头所讲，有许多是前人讲过的，并非全属自己创见。为什么不一一注明呢？因为（一）编讲义时间匆忙，没有查原书。（二）为学生们方便起见，若噜噜苏苏的引那一说驳那一说，倒反令人头痛，不如直捷了当，我认为可采之说就采入，省些闲文。总而言之，这部书不是著述，不过讲堂上临时演说。凡有与著述体例不符之处，希望读者原谅。

“先入为主”，原是做学问最大毛病；但人人都知道这是毛病，却人人都不容易破除。即如我这部书，讲《论语》推重戴望，讲《史记》推重崔适，也可以说是我个人的僻见。其实教一般青年，不该如此。此外各篇犯这类毛病还不少。我所以不甚愿意立刻付印，就是为此。即已付印，我不能不声明一下。

临了，我还想和青年们说几句话。——诸君对于中国旧书，不可因“无用”或“难读”这两个观念，便废止不读。有用、无用的标准，本来很难确定。何以见得横文书都有用，线装书都无用？依我看，著述有带时代性的，有不带时代性的。不带时代性的书，无论何时都有用。旧书里头属于此类者确不少。至于难读、易读的问题呢，不错，未经整理之书，确是难读，读起来没有兴味或不得要领，像是枉费我们的时光。但是，从别方面看，读这类书，要自己用刻苦工夫，披荆斩棘，寻出一条路来，因此可以磨练自己的读书能力，比专吃现成饭的得益较多。所以我希望好学的青年们最好找一两部自己认为难读的书，偏要拼命一读，而且应用最新的方法去读他。通读之后，所得益处，在本书以内的不算，在本书以外的还多着哩。

十四年十一月十七日　梁启超　清华北院二号

论语　孟子

附论《大学》《中庸》《孝经》及其他

总说

《论语》《孟子》两书，近人多呼为“经书”，古代不然。汉儒对于古书之分类，以《诗》《书》《礼》《乐》《易》《春秋》为“六艺”，亦谓之“六经”，实为古书中之最见宝贵者。次则名为“记”或“传”，乃解释或补助诸经者，《论语》即属此类。又次则为诸子，乃于六经之外别成一家言者，《孟子》即属此类。故《论》《孟》两书，在汉时不过二三等书籍。然汉文帝时已将此二书置博士，（“置博士”者，在大学中专设一科以专门之博士任教授也。）是曾经特别崇重，然不久亦罢。（罢博士者，废此专科也）六朝、隋、唐以来，《论语》研究尚盛，《孟子》则亦侪于诸子之列耳。自宋儒从《礼记》中抽出《大学》《中庸》两篇，合诸《论》《孟》，称为“四书”，明清两代，以八股取士，试题悉出“四书”，于是“四书”之诵习，其盛乃驾“六经”而上之。六七百年来，数岁孩童入三家村塾者，莫不以“四书”为主要读本，其书遂形成一般常识之基础，且为国民心理之总关键。

《论语》编辑者及其年代

《汉书·艺文志》云：“《论语》者，孔子应答弟子时人及弟子相与言而接闻于夫子之语也。当时弟子各有所记，夫子既卒，门人相与辑而论纂，故谓之《论语》。”据此，则谓《论语》直接成于孔子弟子之手。虽然，书中所记如鲁哀公、季康子、子服、景伯诸人，皆举其谥，诸人之死皆在孔子卒后。书中又记曾子临终之言，曾子在孔门齿最幼，其卒年更当远后于孔子。然则此书最少应有一部分为孔子卒后数十年七十子之门人所记无疑。书中于有子、曾子皆称“子”。全书第一章记孔子语，第二章即记有子语，第三章记孔子语，第四章即记曾子语，窃疑纂辑成书当出有子、曾子门人之手，而所记孔子言行，半承有、曾二子之笔记或口述也。

《论语》之真伪

先秦书赝品极多，学者最宜慎择。《论语》为孔门相传宝典，大致可信。虽然，其中未尝无一部分经后人附益窜乱；大抵各篇之末，时有一二章非原本者。盖古用简书，传钞收藏皆不易，故篇末空白处，往往以书外之文缀记填入，在本人不过为省事备忘起见，非必有意作伪。到后来展转传钞，则以之误混正文。周秦古书中似此者不少，《论语》中亦有其例。如《雍也篇》末“子见南子”章，《乡党篇》末“色斯举矣”章，《季氏篇》末“齐景公”章，《微子篇》末“周公谓鲁公”“周有八士”章，皆或与孔门无关，或文义不类，疑皆非原文。

然此犹其小者。据崔东壁（述）所考证，则全书二十篇中末五篇——《季氏》《阳货》《微子》《子张》《尧曰》——皆有可疑之点。因汉初所传有“鲁论”“齐论”“古论”之分，篇数及末数篇之篇名各有不同，文句亦间互异，王莽时佞臣张禹者合三本而一之，遂为今本。（见《汉书·艺文志》《张禹传》及何晏《论语集解序》。）此末五篇中，最少应有一部分为战国末年人所窜乱。其证据：一，《论语》通例，称孔子皆曰“子”，惟记其与君大夫问答乃称“孔子”。此五篇中，屡有称“孔子”或“仲尼”者。二，《论语》所记门弟子与孔子对面回答，亦皆呼之为“子”。对面呼“夫子”，乃战国时人语，春秋时无之，此五篇中屡称“夫子”。三，《季氏篇》“季氏将伐颛臾，冉有、季路见于孔子”云云，考冉有、季路并无同时仕于季氏之事。四，《阳货篇》记“公山弗扰以费畔，召子欲往”云云，又记“佛肸以中牟畔，召子欲往”云云，考弗扰叛时，孔子正为鲁司寇，率师堕费，弗扰正因反抗孔子政策而作乱，其乱亦由孔子手平定之，安有以一造反之县令而敢召执政？其执政方督师讨贼，乃欲应以召，且云“其为东周”，宁有此理！佛肸以中牟叛赵为赵襄子时事，见《韩诗外传》。赵襄子之立，在孔子卒后五年，孔子何从与肸有交涉？凡此诸义，皆崔氏所疏证，大致极为精审。（参观《崔东壁遗书》内《洙泗考信录》,《畿辅丛书》中亦有此书。）

由此言之，《论语》虽八九可信，然其中仍有一二出自后人依托，学者宜分别观之也。

《论语》之内容及其价值

《论语》一书，除前所举可疑之十数章外，其余则字字精金美玉，实人类千古不磨之宝典。盖孔子人格之伟大，宜为含识之俦所公认，而《论语》则表现孔子人格唯一之良书也。其书编次体例，并无规定；篇章先后，似无甚意义；内容分类，亦难得正确标准。略举纲要，可分为以下各类。

一，关于个人人格修养之教训。

二，关于社会伦理之教训。

三，政治谈。

四，哲理谈。

五，对于门弟子及时人因人施教（注重个性的）的问答。

六，对于门弟子及古人时人之批评。

七，自述语。

八，孔子日常行事及门人诵美孔子之语。（映入门弟子眼中之孔子人格。）

右所列第一二项，约占全书三分之二，其余六项约合占三分之一。第一项人格修养之教训，殆全部有历久不磨的价值。第四项之哲理谈，虽著语不多，（因孔子之教，专贵实践，罕言性与天道。）而皆渊渊入微。第二项之社会伦理，第三项之政治谈，其中一部分对当时阶级组织之社会立言，或不尽适于今日之用，然其根本精神，固自有俟诸百世而不惑者。第五项因人施教之言，则在学者各自审其个性之所近所偏而借以自鉴。第六项对人的批评，读之可以见孔子理想人格之一斑。第七项孔子自述语及第八项别人对于孔子之观察批评，读之可以从各方面看出孔子之全人格。《论语》全书之价值大略如此。要而言之，孔子这个人有若干价值，则《论语》这部书亦连带的有若干价值也。

读《论语》法

吾侪对于如此有价值之书，当用何法以善读之耶？我个人所认为较简易且善良之方法如下：

第一，先注意将后人窜乱之部分剔出，以别种眼光视之，免使朦混真相。

第二，略依前条所分类，将全书纂钞一过，为部分的研究。

第三，或作别种分类，以教义要点——如论“仁”、论“学”、论“君子”等为标准，逐条钞出，比较研究。

第四，读此书时，即立意自作一篇孔子传或孔子学案，一面读便一面思量组织法且整理资料，到读毕时自然能极彻底极正确的了解孔子。

第五，读此书时，先要略知孔子之时代背景。《左传》《国语》，实主要之参考书。

第六，此书文义并不艰深，专读白文自行细绎其义最妙。遇有不解时，乃翻阅次条所举各注。

右所学者，为书本上智识方面之研究法。其实我辈读《论语》之主要目的，还不在此。《论语》之最大价值，在教人以人格的修养。修养人格，决非徒恃记诵或考证，最要是身体力行，使古人所教变成我所自得。既已如此，则不必贪多务广，果能切实受持一两语，便可以终身受用。至某一两语最合我受用，则全在各人之自行领会，非别人所能参预。别人参预，则已非自得矣。要之，学者苟能将《论语》反覆熟读若干次，则必能睪然有见于孔子之全人格，以作自己祈向之准鹄；而其间亦必有若干语句，恰与自己个性相针对，读之别有会心，可以作终身受持之用也。《论语》文并不繁，熟读并不费力，吾深望青年勿蔑弃此家宝也。

《论语》注释书及关系书

《论语》注释，有汉郑康成《注》，已佚，近人有辑本；有魏何晏《集解》，宋刑昺《义疏》，现行《十三经注疏》

所载者即是。但其中要语，多为后人新疏所以采，不读亦得。为便于学者计，列举以下之注释书及关系书各种：

一，宋朱熹《论语集注》《论语或问》。

《集注》简而明，最便读者，但其中有稍涉理障处。《或问》时于《集注》外有所发明。

二，清戴望《论语注》。

此书亦简明，训诂视朱注为精审，但多以公羊家言为解，穿凿附会，间亦不免。

三，清刘宝楠《论语正义》。

最精博，但太繁，非专家研究者不必读。

四，清颜元《四书正误·论语之部》。

此专正朱注之误也，可见习斋一家学说。

五，清焦循《论语通释》。

此书将《论语》教义要点分类研究，其方法最可学。

六，清阮元《揅经堂集》中《论语论仁解》。

此书一短篇文，专取《论语》言“仁”之一部钞下，通贯研究，其方法可学。

七，清崔述《洙泗考信录》附《余录》。

此书为最谨严之孔子传，其资料什九取自《论语》。辨《论语》窜乱之部分，当略以此书所疑者为标准。

以上说《论语》竟。

《孟子》之编纂者及篇数

《史记·孟子荀卿列传》云："孟子乃述唐虞三代之德，是以所如者不合，退而与万章之徒序《诗》《书》，述仲尼之意，作《孟子》七篇。"赵岐《孟子题辞》云："退而论集，所与高第弟子公孙丑、万章之徒，难疑问答，又自撰其法度之言，著书七篇二百六十一章三万四千六百八十五字。"据此则汉儒传说，皆谓此书为孟子自撰，然书中称时君皆举其谥，如梁惠王、襄王、齐宣王、鲁平公、邹穆公皆然，乃至滕文公之年少亦皆如是，其人未必皆先孟子而卒，何以皆称其谥？又书中于孟子门人多以"子"称之，乐正子，公都子、屋庐子、徐子、陈子皆然，不称子者无几，果孟子所自著，恐未必自称其门人皆曰子。细玩此书，盖孟子门人万章、公孙丑等所追述，故所记二子问答之言最多，而二子在书中亦不以子称也。其成书年代虽不可确指，然最早总在周赧王十九年（西纪前二九六）梁襄王卒之后，上距孔子卒一百八十余年，下距秦始皇并六国七十余年也。

今本《孟子》七篇，而《汉书·艺文志·儒家》云："孟子十一篇。"应劭《风俗通·穷通篇》亦云然。赵岐题辞云："又有外书四篇——《性善》《辩文》《说孝经》《为政》，其文不能宏深，不与内篇相似，似非孟子本真，后人依放而托也。"据此，知汉时所流传者，尚有外书四篇，与今七篇混为一本。赵邠卿（岐）鉴定为赝品，故所作《孟子章句》，惟释七篇。此后赵注独行，而外篇遂废。后人或以为惜，但吾侪颇信邠卿鉴别力不谬，其排斥外篇，不使珷玞乱玉，殆可称孟子功臣。今外篇佚文，见于《法言》、《盐铁论》、《颜氏家训》、李善《文选注》……等书有若干条，经近人辑出，诚有如邠卿所谓"不能宏深，不与内篇相似"也。至明季姚士粦所传《孟子外书》四篇，则又伪中出伪，并非汉时之旧，更不足道矣。

《孟子》之内容及其价值

孟子与荀卿，为孔门下两大师。就学派系统论，当时儒、墨、道、法四家并峙，孟子不过儒家一支流，其地位不能比老聃、墨翟，但孟子在文化史上有特别贡献者二端：

一，高唱性善主义，教人以自动的扩大人格，在哲学上及教育学上成为一种有永久价值之学说。

二，排斥功利主义，其用意虽在矫当时之弊，然在政治学社会学 上最少亦代表一面真理。

其全书要点略如下：

一，哲理谈。穷究心性之体相，证成性善之旨。《告子》上下篇，《尽心》上篇，多属此类。

二，政治类。发挥民本主义，排斥国家的功利主义；提出经济上种种理想的建设。《梁惠王》上下篇，《滕文公》上篇，全部皆属此类，其余各篇亦多散见。

三，一般修养谈。多用发扬蹈厉语，提倡独立自尊的精神，排斥个人的功利主义。《滕文公》《告子》《尽心》三篇最多，余篇亦常有。

四，历史人物批评。借古人言论行事，证成自己的主义。《万章》篇最多。

五，对于他派之辩争。其主要者如后儒所称之辟杨、墨，此外如对于告子论性之辩难，对于许行、陈仲子之呵斥，对于法家者流政策之痛驳等皆是。

六，记孟子出处辞受及日常行事等。

右各项中，惟第四项之历史谈价值最低。因当时传说，多不可信，而孟子并非史家，其著书宗旨又不在综核古事，故凡关于此项之记载及批评，应认为孟子借事明义，不可当史读。第五项辩争之谈，双方皆持之有故言之成理，未可偏执一是。第二项之政治谈，因时代不同，其具体的制度自多不适用，然其根本精神固有永久价值。余三项价值皆极高。

读《孟子》法

读《论语》《孟子》一类书，当分两种目的：其一为修养受用，其一为学术的研究。为修养受用起见，《论语》如饭，最宜滋养；《孟子》如药，最宜祓除及兴奋。读《孟子》，第一，宜观其砥砺廉隅，崇尚名节，进退辞受取与之间竣立防闲，如此然后可以自守而不至堕落。第二，宜观其气象博大，独往独来，光明俊伟，绝无藏闪。能常常诵习体会，人格自然扩大。第三，宜观其意志坚强，百折不回。服膺书中语，对于环境之压迫，可以增加抵抗力。第四，宜观其修养下手工夫简易直捷，无后儒所言支离、玄渺之二病。要之，《孟子》为修养最适当之书，于今日青年尤为相宜。学者宜摘取其中精要语熟诵，或钞出常常阅览，使其精神深入我之“下意识”中，则一生做人基础可以稳固，而且日日向上，至老不衰矣。

学术的研究，方面极多，宜各随兴味所注，分项精求。惟每研究一项，必须对于本书所言彻头彻尾理会一番，且须对于他书有关系的资料博为搜采参核。试举数例：

一，如欲研究孟子哲学，必须先将书中所谓性、所谓心、所谓情，所谓才、所谓义、所谓理……种种名词，子细推敲，求得其正确之意义。复又须贯通全书，求得某几点为其宗旨之主脑，然后推寻其条理所由衍出。又须将别派学说与之对照研究，如《荀子》《春秋繁露》等书，观其所自立说，及批驳《孟子》者何如。

二，欲研究孟子之政治论，宜先提絜出几个大纲领——例如民本主义、统一主义、非功利主义，等等，观其主张之一贯。又须熟察时代背景，遍观反对派学说，再下公正的批评。

三，孟子辟异端，我辈不必随声附和，然可从书中发见许多“异端”的学说，例如杨朱、许行、宋牼、陈仲子、子莫、白圭、告子、淳于髡等，其书皆不传，且有并姓名亦不见于他书者。从《孟子》书中将其学说摭拾研究，便是古代学术史绝好资料。

四，将本书所载孟子所见之人、所历之地及其行事言论钩稽排比，可以作一篇极翔实的孟子小传。

以上不过略举数例，学者如有研究兴味，则方面尚多，在各人自择而已。

《孟子》之注释书及关系书

最古之《孟子》注释书为东汉赵岐之《孟子章句》，且每章缀以章指，其书现存。全文见焦循《孟子正义》中，今不另举。

一，宋朱熹《孟子集注》。

性质及价值皆同《论语集注》。

二，清焦循《孟子正义》。

考证最精审，且能发明大义，现行各注疏未有其比。

三，清戴震《孟子字义疏证》。

此书乃戴氏发表自己哲学意见之作，并非专为解释《孟子》。但研究孟子哲学，自应以此为极要之参考品。

四，清陈澧《东塾读书记》内《孟子》之卷。

此卷将《孟子》全书拆散而比观之，所发明不少，其治学方法最可学。

五，清崔述《孟子事实录》。

此书为极谨严孟子小传。

以上说《孟子》竟。

附论《大学》《中庸》

《大学》《中庸》本《小戴礼记》中之两篇。《礼记》为七十子后学者所记，其著作年代，或在战国末或在西汉不等，其价值本远在《论》《孟》下。自宋程正叔抽出此二篇特别提倡，朱晦庵乃创为四子书之名，其次序：一、《大学》，二、《论语》，三、《孟子》，四、《中庸》。于是近七八百年来，此二篇之地位骤高，几驾群经而上之。斯大奇矣！

区区《大学》一篇，本不知谁氏作，而朱晦庵以意分为经、传两项。其言曰："经一章，盖孔子之言而曾子述之。传十章，则曾子之意而门人记之。"然而皆属意度，羌无实证。晦庵又因其书有与自己理想不尽合者，乃指为有错简，以意颠倒其次序；又指为有脱漏，而自作《补格致传》一章。此甚非学者态度所宜出也。而明清两朝，非惟以《大学》侪诸经，且几将朱氏《补传》与孔子之言同视矣。中间王阳明主张"大学古本"，对于朱氏所改所补而倡异议，然重视《大学》之观念，迄未稍变。惟清初有陈乾初（确）者，著《大学辨》一篇，力言此书非孔子、曾子作，且谓其"专言知不言行，与孔门教法相戾"。此论甫出，攻击蜂起，共指为非圣无法，后亦无人过问。自此书列于《四书》之首，其篇中“致知格物”四字，惹起无数异说，辨难之作，可汗十牛，然以此为孔子教人入德之门，非求得其说不可。由吾侪观之，此篇不过秦、汉间一儒生之言，原不值如此之尊重而固守也。

《中庸》篇，朱晦庵谓“子思作之以授孟子”，其言亦无据。篇中有一章袭孟子语而略有改窜。据崔东壁所考证，则其书决出孟子后也。此篇论心论性，精语颇多，在哲学史上极有价值。

要而论之，《大学》《中庸》不失为儒门两篇名著，读之甚有益于修养，且既已人人诵习垂千年，形成国民常识一部分，故今之学者，亦不可以不一读。但不必尊仰太过，反失其相当之位置耳。

附论《孝经》

《孝经》自汉以来，已与《论语》平视，今且列为十三经之一，共传“孔子志在《春秋》，行在《孝经》”，以为孔子手著书即此两种。其实此二语出自纬书，纯属汉人附会。

"经"之名，孔子时并未曾有，专就命名论，已足征其妄。其书发端云："仲尼居，曾子侍。"安有孔子著书而作此称谓耶？书中文义皆极肤浅，置诸《戴记》四十九篇中犹为下乘，虽不读可也。

附论其他关于孔子之记载书

记载孔子言论行事之书惟《论语》为最可信，其他先秦诸子所记，宜以极严冷谨慎之态度观之。盖凡一伟大人物，必有无数神话集于其身，不可不察也。今传《孔子家语》《孔丛子》两书，皆晋人伪作，万不可读。有《孔子集语》一书，乃宋人采集群书言孔子事者，大半诬孔子而已。学者诚诵法孔子，则一部《论语》终身受用不尽，"岂买菜也，而求添乎"？

以上附论竟。

史记

《史记》作者之略历及其年代

《史记》百三十篇，汉太史令司马迁作。迁字子长，（见扬雄《法言》及王充《论衡》。）左冯翊夏阳人，（据《自序》"司马氏入少梁"语，案推汉地。）今陕西之同州韩城县也。司马氏世典周史，迁父谈，以汉武帝建元元封间仕为太史令。谈卒，迁袭官。迁生卒年不见于《太史公自序》及《汉书·司马迁传》，惟据《自序》云："为太史令五年而当太初元年。"张守节《正义》云："案迁年四十二岁。"以此推算，知迁生于景帝中元五年（西纪前一四五年）。父谈，学天官于唐都，受《易》于杨何，习道论于黄子。迁皆传其学。迁又受业孔安国治《尚书》，闻《春秋》于董仲舒。喜游历，足迹遍天下，其所经行之地见于本书者如下：

《五帝本纪》："余尝西至空同，北过涿鹿，东渐于海，南浮江淮矣。"

《河渠书》："余南登庐山，观禹疏九江，遂至于会稽、大湟，上姑苏，望五湖。东窥洛汭大邳，迎河行淮泗，济螺洛渠。西瞻蜀之岷山及离碓。北自龙门至于朔方。"

《齐太公世家》："吾适齐，自泰山属之琅邪，北被于海，膏壤二千余里。"

《魏世家》："吾适故大梁之墟。"

《孔子世家》："余适鲁，观仲尼庙堂。"

《伯夷列传》："余登箕山，其上盖有许由冢云。"

《孟尝君列传》："吾尝过薛，其俗闾里率多暴桀子弟，与邹、鲁殊。"

《信陵君列传》："吾过大梁之墟，求问其所谓夷门。夷门者，城之东门也。"

《春申君列传》："吾适楚，观春申君故城宫室，盛矣哉！"

《屈原贾生列传》："余适长沙，观屈原所自沉渊。"

《蒙恬列传》："吾适北边，自直道归，行观蒙恬取为秦筑长城亭障。"

《淮阴侯列传》："吾如淮阴，淮阴人为余言韩信。""余视其母冢。"

《樊郦滕灌列传》："吾适丰沛，问其遗老，观故萧、曹、樊哙、滕公之冢。"

《太史公自序》："二十而南游江、淮，上会稽，探禹穴，窥九疑，浮于沅、湘。北涉汶、泗，讲业齐、鲁之都，观孔子遗风，乡射邹、峄。戹困鄱、薛、彭城，过梁、楚以归。""奉使西征巴、蜀以南，南略邛、笮、昆明。"

吾侪试取一地图，按今地，施朱线，以考迁游踪，则知当时全汉版图，除朝鲜、河西、岭南诸新开郡外，所历殆遍矣。迁初仕为郎中，及继父任太史令，则奉召修太初历。自发议迄颁定，皆迁主之；始末具详《汉书·律历志》。修历事毕，从事作史。史未成，因上书救李陵，获罪下蚕室。已而为中书令，尊宠任事。其卒年无考，大率在武帝末年。今据王静安（国维）所著《太史公系年考略》，略表其行历年代如下：

西纪前一四五（景帝中元五年）迁生。

前一四〇（武帝建元元年）六岁。

前一三六（建元五年）十岁，自序云："年十岁则诵古文。"

前一三四（元光元年）十二岁。

前一二八（元朔元年）十八岁。

前一二六（元朔三年）二十岁。自序云："二十而南游江淮，……过梁、楚以归。"（全文见前。）所记或不止一年事，要之自二十岁起游学四方也。

前一二二（元狩元年）二十四岁。《史记》所记事，讫于是年。说详下。

前一一六（元鼎元年）三十岁。《自序》云："于是迁仕为郎中。"其年无考，大约在元狩、元鼎间。

前一一〇（元封元年）三十六岁。《自序》云："奉使西征巴、蜀，还报命。是岁，天子始建汉家之封。"迁归自南，见父谈于河、淮之间。未几，谈卒。遗命使迁撰史。

前一〇八（元封三年）三十八岁。始为太史令。《自序》云：太史公“卒三岁，而迁为太史令，紬史记石室金匮之书”。

前一〇四（太初元年）四十二岁。据《汉书·律历志》，元封七年，因太史令司马迁等言历法废坏，宜改正朔，乃诏以明年为太初元年，命迁等造汉历，选邓平及民间治历者二十余人参其事。事竣，诏迁颁所造八十一分历，即所谓太初历也。迁生平事业，造历之功，盖亚于作史云。

《史记》盖以是年属稿。《自序》云：“五年（为太史令后之五年。）而当太初元年。……太史公曰：“孔子卒后至于今五百岁……小子何敢让焉……于是论次其文。……”

前一〇〇（天汉元年）四十六岁。

前九八（天汉三年）四十八岁。下狱被刑。《自序》云：“七年而太史公遭李陵之祸，幽于缧绁。”徐广注云：“天汉三年。”（据《李将军列传》及《匈奴列传》，李陵降匈奴，在天汉二年。）是时《史记》尚未成书，故《报任安书》云：“革创未就，适会此祸。惜其不成，是以就极刑而无愠色。”

前九六（太始元年）五十岁。《汉书》本传云：“迁既被刑之后，为中书令，尊宠任职事。”当在此数年中。

前九三（太始四年）五十三岁。是年有报益州刺史任安书。书见《汉书》本传，不箸年月，惟书中有“会东从上来”语，又有“涉旬月迫季冬，仆又薄从上雍”语。考《汉书·武帝纪》“是年春三月，行幸泰山。夏四月，幸不其。五月，还幸建章宫”。即所谓“东从上来”也。又：“冬十二月，行幸雍，祠五畤。”即所谓“季冬从上雍”也。故知报书在是年。迁时为宦侍，故每出必扈行也。

前九二（征和元年）五十四岁。

前八八（后元元年）若迁尚在，则其年五十八岁。明年武帝崩。迁卒年，绝无可考。惟据《汉书·宣帝纪》载武帝后元二年遣使尽杀长安狱囚，内谒者令郭穰夜至郡邸狱云云。案《续汉书·百官志》知内谒者令即中书谒者令，亦即中书令。然则其时迁已不在中书，计当前卒矣。大约迁之年代与武帝相始终也。

《史记》之名称及其原料

《史记》之名，非迁书原名也。其见于《汉书》者，《艺文志》述刘歆《七略》称“太史公百三十篇”；《杨恽传》谓之“太史公记”，应劭《风俗通》（卷一、卷六）同；《宣元六王传》谓之“太史公书”，班彪《略论》、王充《论衡》同；而《风俗通》（卷二）时或称“太史记”。是知两汉时并未有名迁书为“史记”者。本书中“史记”之名凡八见：（一）《周本纪》云：“太史伯阳读史记。”（二）《十二诸侯年表》云：“孔子论史记旧闻。”（三）《十二诸侯年表》云：“左丘明因孔子史记具论其语。”（四）《六国表》云：“秦烧天下书，诸侯史记尤甚。”（五）《六国表》云：“史记独藏周室。”（六）《天官书》云：“余观史记考事。”（七）《孔子世家》云：“乃因鲁史记作《春秋》。”（八）《太史公自序》云：“紬史记石室金匮之书。”皆指古史也。“史记”之名，盖起于魏、晋间，实“太史公记”之省称耳。

《史记》所据之原料，据班彪《略论》，则（一）《左传》，（二）《国语》，（三）《世本》，（四）《战国策》，（五）

陆贾《楚汉春秋》。今考本书中自述其所取材者如下：

《五帝本纪》："予观《春秋》《国语》。"

《殷本纪》："自成汤以来，采于《诗》《书》。"

《秦始皇本纪》："吾读秦记。"

《孝武本纪》："余究观方士、祠官之言。"

《三代世表》："余读谍记，稽其历谱。"

《十二诸侯年表》："太史公读《春秋历谱谍》。""秦记不载日月，其文略不具。""余于是因秦记，踵《春秋》之后……著诸所闻兴坏之端。"

《吴太伯世家》："余读《春秋》古文。"

《卫康叔世家》："余读世家言。"

《伯夷列传》："学者载籍极博，犹考信于六艺。"

《管晏列传》："吾读管氏《牧民》《山高》《乘马》《轻重》，《九府》及《晏子春秋》。"

《司马穰苴列传》："余读《司马兵法》。"

《孙吴列传》："《孙子》十三篇、《吴起兵法》，世多有。"

《仲尼弟子列传》："悉取《论语》弟子问，并次为篇。"

《孟子荀卿列传》:“余读孟子书。”“自如孟子至于吁子，世多有其书。”

《商鞅列传》:“余尝读商君开塞耕战书。”

《屈原贾生列传》:“余读《离骚》《天问》《招魂》《哀郢》。”

《郦生陆贾列传》:“余读陆生《新语》书。”

《儒林列传》:“余读功令。”

大抵除班彪所举五书外，史公所采主要材料 :（一）六艺，（二）秦史记，（三）谍记（或即《世本》)，（四）诸子著书现存者，（五）功令官书，（六）方士言；而秦火后“诸侯史记”之湮灭，则史公最感苦痛者也。

史公史料，多就地采访，观前条所列游踪可见。各篇中尚有明著其所亲见闻者如下：

《项羽本纪》:“吾闻之周生。”

《赵世家》:“吾闻冯王孙。”

《魏世家》:“吾适故大梁之墟，墟中人言曰。”

《淮阴侯列传》:“吾如淮阴，淮阴人为余言。”

《樊郦绛滕列传》:“余与他广游，为言高祖功臣之兴时若此云。”

《冯唐传》:“唐子遂与余善。”

《韩长孺列传》:“余与壶遂定律历，观韩长孺之义。”

《李将军列传》:“余观李将军，悛悛如鄙人。”

《卫将军骠骑列传》:“苏建语余曰。”

《游侠列传》:“吾观郭解，状貌不如中人。”

凡此皆《史记》资料多取诸载籍以外之证也。

《史记》著述之旨趣

《史记》自是中国第一部史书，但吾侪最当注意者，“为作史而作史”，不过近世史学家之新观念；从前史家作史，大率别有一“超史的”目的，而借史事为其手段。此在各国旧史皆然，而中国为尤甚也。孔子所作《春秋》，表面上像一部二百四十年的史，然其中实蕴含无数“微言大义”，故后世学者不谓之史而谓之经。司马迁实当时春秋家大师董仲舒之受业弟子，其作《史记》盖窃比《春秋》，故其《自序》首引仲舒所述孔子之言曰:“我欲载之空言，不如见之于行事之深切著明也。”其意若曰：吾本有种种理想，将以觉民而救世，但凭空发议论，难以警切，不如借现成的历史上事实做个题目，使读者更为亲切有味云尔。《春秋》旨趣既如此，则窃比《春秋》之《史记》可知。故迁《报任安书》云：“欲以究天人之际，通古今之变，成一家之言。”《自序》亦云：“略以拾遗补蓺，成一家之言，厥协六经异传，整齐百家杂语，藏诸名山，副在京师，俟后世圣人君子。”由此观之，其著书最大目的，乃在发表司马氏“一家之言”，与荀卿著《荀子》，董生著《春秋繁露》，性质正同。不过其“一家之言”，乃借史的形式以发表耳。故仅以近世史的观念读《史记》，非能知《史记》者也。

《史记》之史的价值

然则《史记》不复有史的价值耶？是又不然。据《自序》：“司马氏世典周史。”古代学术，率为官府所专有，而史官尤为其渊海。谈、迁父子入汉，世守其业。《自序》云：“百年之间，天下遗文古事，靡不毕集太史公；太史公仍父子相续纂其职。”盖当时具备作史资格者，无如迁父子。故谈临终以此责迁，而迁亦毅然以此自任。前此史家著述成绩何如，今不可尽考。略以现存之几部古史观之，大抵为断片的杂记，或顺按年月纂录。其自出机杼，加以一番组织，先定全书规模，然后驾驭去取各种资料者，盖未之前有。有之，自迁书始也。《自序》云：“余所谓述故事整齐其世传，非所谓作也。”此迁自谦云尔。作史安能凭空自造？舍“述”无由。史家唯一职务，即在“整齐其世传”。“整齐”即史家之创作也。能否“整齐”，则视乎其人之学识及天才。太史公知整齐之必要，又知所以整齐，又能使其整齐理想实现，故太史公为史界第一创作家也。

《史记》创造之要点，以余所见者如下：

一，以人物为中心。历史由环境构成耶？由人物构成耶？此为史界累世聚讼之问题。以吾侪所见，虽两方势力俱不可蔑，而人类心力发展之功能，固当畸重。中国史家，最注意于此，而实自太史公发之。其书百三十篇，除十表八书外，余皆个人传记，在外国史及过去古籍中无此体裁。以无数个人传记之集合体成一史，结果成为人的史而非社会的史，是其短处；然对于能发动社会事变之主要人物，各留一较详确之面影以传于后，此其所长也。长短得失且勿论，要之太史公一创作也。

二，历史之整个的观念。从前的史，或属于一件事的关系文书——如《尚书》，或属于各地方的记载——如《国语》《战国策》，或属于一时代的记载——如《春秋》及《左传》；《史记》则举其时所及知之人类全体自有文化以来数千年之总活动冶为一炉，自此始认识历史为整个浑一的，为永久相续的。非至秦汉统一后，且文化发展至相当程度，则此观念不能发生；而太史公实应运而生，《史记》实为中国通史之创始者。自班固以下，此意荒矣！故郑渔仲（樵）章实斋（学诚）力言《汉书》以后“断代史”之不当，虽责备或太过，然史公之远识与伟力，则无论何人不能否定也。

右二项就理想方面论。

三，组织之复杂及其联络。《史记》以十二本纪、十表、八书、三十世家、七十列传组织而成。其本纪及世家之一部分为编年体，用以定时间的关系；其列传则人的记载，贯澈其以人物为历史主体之精神；其书则自然界现象与社会制度之记述，与“人的史”相调剂；内中意匠特出，尤在十表。据桓谭《新论》谓其“旁行斜上并效《周谱》”，或以前尝有此体制亦未可知。然各表之分合间架，总出诸史公之惨淡经营。表法既立，可以文省事多，而事之脉络亦具。《史记》以此四部分组成全书，互相调和，互保联络，遂成一部博大谨严之著作。后世作断代史者，虽或于表志门目间有增减，而大体组织不能越其范围，可见史公创作力之雄伟，能笼罩千古也。

四，叙列之扼要而美妙。后世诸史之列传，多借史以传人；《史记》之列传，惟借人以明史，故与社会无大关系之人，滥竽者少。换一方面看，立传之人，并不限于政治方面，凡与社会各部分有关系之事业，皆有传为之代表。以行文而论，每叙一人，能将其面目活现。又极复杂之事项——例如《货殖列传》《匈奴列传》《西南夷列传》等所叙，皆能剖析条理，缜密而清晰，其才力固自敻绝。

右二项就技术方面论。

要之《史记》价值，久为学界所公认。吾侪赞美，适成赘词，反不如攻其阙失，犹足附于史公忠臣之列。今姑述此四项，致吾敬仰云尔。

《史记》成书年代及后人补续窜乱之部分

现存古书，什有九非本来面目，非加一番别择整理工夫而贸然轻信，殊足以误人。然别择整理之难，殆未有甚于《史记》者。今欲从事研究，盖有先决问题二：一、为《史记》是否已成书之问题；二、为《史记》记事最终年限问题。

《史记》是否已成书耶？按《自序》则百三十篇粲然具备，似悉出史公手定，故此问题，二千年从未发生。然据《汉书·司马迁传》已云："十篇有录无书。"《后汉书·班彪传》亦云："十篇缺焉。"注家谓"迁没之后亡"，则认为书本完成后乃亡佚云尔。吾细考史公年历，则不能无疑。《报任安书》自述下狱时事云："草创未就，会遭此祸。惜其不成，是以就极刑而无愠色。"则其时书尚未成可知，时天汉三年也。自此以后，去太史令职而为中书令，"金匮石室之藏"，不复能如昔时之恣其紬读。又近侍尊宠，每有巡幸，无役不从。依《汉书 · 武帝记》所载："太始二年，正月，行幸回中，登陇首。三年，正月，行幸甘泉。五月，行幸东海至琅邪成山，登之罘。冬乃归。四年三月，行幸泰山。四月，幸不其。十二月，行幸雍，西至安定北地。"此皆史公官中书时事，计数年间能安居京师从事著述者殆无几日，《报任安书》所谓"卒无须臾之间得竭志意"，盖实情也。《报任安书》已经考定为太始四年冬间作，玩其语气，史确未成。《书》云："仆诚已著此书，则偿前辱之责，虽万被戮岂有悔哉！"下又云："是以肠一日而九回，居则忽忽若有所亡，出则不知其所往。每念斯耻，汗未尝不发背沾衣也。"则书未成而前辱未偿明甚。越二年而巫蛊难作，史公存亡已不可考矣。然则书竟不成而赍志以没，未可知也。信如是也，则《史记》之有缺篇，非亡佚而原缺也。而今本乃百三十篇，一无所欠，其果为迁书之旧耶？否耶？

《史记》所记事，以何年为最终年限耶？据《自序》曰："故述往事，思来者，卒述陶唐以来，至于麟止。"《集解》："张晏曰：'武帝获麟，迁以为述事之端。上纪黄帝，下至麟止，犹《春秋》止于获麟也。'"《汉书 · 扬雄传》

云："太史公记六国，历楚汉，讫麟止。"《后汉书·班彪传》云："太史令司马迁，上自黄帝，下讫获麟，作本纪、世家、列传、书、表，凡百三十篇。"右据迁所自言及扬雄、班固言，(《扬雄传》，雄所自作，班书全采之。《班彪传》，班固作，范书全采之。)则"麟止"一语，殆为铁案。案武帝获麟，在元狩元年冬十月（西纪前一二二）。孔子作《春秋》，讫于鲁哀公十四年西狩获麟，《史记》窃比《春秋》，时亦适有获麟之事，故所记以此为终限。然则《武帝本纪》当叙至元狩元年十月止，年表、世家、列传称是。凡此年以后之记事，皆非原文，此标准宜为最可信据者。

虽然，本书所载元狩元年以后之事甚多，而年限亦有异说。其年限之异说，则：

一，讫太初说。《太史公自序》最末一段云："余述历黄帝以来，至太初而讫。"《汉书叙传》云："太初以后，阙而不录。"太初凡四年，若讫太初四年（西纪前一〇一），则逾麟止之限二十二年。

二，讫天汉说。《汉书·司马迁传》赞云："述《楚汉春秋》，接其后事，讫于天汉。"《史记》之《集解》《索隐》

《正义》皆主是说。天汉接太初后，凡四年，若讫天汉四年（西纪前九七），则逾麟止之限二十六年。

三，讫武帝末说。《建元以来侯者年表》末附："褚先生曰：太史公记事，尽于武帝之末。"武帝最末一年为后元二年（西纪前八七），若讫于此，则逾麟止之限三十六年。

右第二第三两种异说出自后人之口，且暂置不理。惟第一异说之讫太初，则与讫麟止语同出《自序》。一篇之中，矛盾至此，实令人迷惑。查"讫麟止"语，在《自序》大序之正文中，"讫太初"语，乃在小序之后另附一行，文体突兀不肖。又《汉书》本传全录《自序》而不载此一行，似班固所见《自序》原本，并无此语。衡以史公窃比《春秋》之本意，固宜以"麟止"为断也。但太初、天汉事，尚为史公所及见耳。今本《史记》，不独太初、天汉事盈篇累幅也，乃至记武帝后事者，且不一而足。如：

一，《酷吏传》载："杜周捕治桑弘羊昆弟子。"事在昭帝元凤间（西纪前八〇至七五），距武帝崩六年至十二年。

二，《楚元王世家》云："地节二年，中人上书告楚王谋反。"宣帝地节二年（西纪前六八），距武帝崩十九年。

三，《齐悼惠王世家》载："建始三年，城阳王景卒。同年，菑川王横卒。"成帝建始三年（西纪前三〇），距武帝崩五十七年。

四，《将相名臣表》，武帝后续以昭、宣、元、成四帝，直至鸿嘉元年止。成帝鸿嘉元年（西纪前二〇），距武帝崩六十七年。

右不过举数条为例，书中所记昭、宣、元、成间事，盖更仆难数。无论如何曲解，断不能谓太史公及见建始、鸿嘉时事。然而此诸条者，固明明在今本正文中，稍粗心读去，绝不能辨矣。吾侪据此等铁证，可以断言今本《史记》决非史公之旧，其中有一部分乃后人羼乱。

然则《史记》何故容后人羼乱耶？某部分属于后人羼乱耶？其来由及种类约有三：

第一类，原本缺亡而后人补作者。《汉书·司马迁传》云："十篇缺，有录无书。"颜注引张晏曰："亡《景纪》《武纪》《礼书》《乐书》《兵书》《汉兴以来将相年表》《日者列传》《三王世家》《龟策列传》《傅靳列传》。元、成之间褚先生补缺，作《武帝纪》《三王世家》《日者》《龟策列传》，言辞鄙陋，非迁本意也。”案：今本《三王世家》《日者》《龟策》两传皆有褚先生补文，附于赞语之后，而史公原文，似亦未尝缺。若《武帝纪》则并褚补字样而无之，而其文乃割裂《封禅书》，赞语亦全与《封禅书》同，非原文明矣。其余张晏所举诸篇，今本皆现存，其不足信益明。又《三代世表》《建元以来侯者年表》《陈涉世家》《外戚世家》《梁孝王世家》《田叔列传》等篇，皆各有“褚先生曰”一段补文附于赞语后，则褚补原不仅四篇也。如《张丞相列传》于赞语后有一大段补文，但并无“褚先生曰”字样，知补者又不独一褚先生也。补文别附赞后者，吾辈能识别之。若如《武帝纪》之类，竟以补文作正文，或所补并非褚先生之旧者，则后人从何辨耶？

第二类，后人续撰者。《汉书·艺文志》于“太史公百三十篇”（《史记》本名《太史公书》）之后，接列“冯商所续太史公七篇”。刘知幾《史通·正史篇》云：“《史记》太初已后，阙而不录。其后刘向、向子歆及诸好事者若冯商、卫衡、扬雄、史岑、梁审、肆仁、晋冯、段肃、金丹、冯衍、韦融、萧奋、刘恂等相次撰续，迄于哀、平间，犹名《史记》。”（《后汉书·班彪传》注亦列举续《史记》者尚有阳城衡、史孝山二人。孝山当即岑。）据此，则西汉、东汉之交，续《史记》者将二十家，而皆仍其旧名。即班彪续作数十篇，亦仅名为《后传》（见彪传）。盖自冯商、刘向以迄班彪，其意皆欲各据所立时代以次递续，不别为书。其截采《史记》记汉初以来之一部分，续以昭、宣迄哀、平之部分，以成断代之史，则自班固始耳。（然《汉书·古今人表》所表皆汉以前人，则其体裁仍是补续《史记》也。）当时既未有印书，传钞皆用竹木简或缣帛，奔携两艰，用之弥啬。各家所续本，或即以涂附于原钞本中。即不然，而学者展转诵习，竟将续本与原本合钞以图省便，亦意中事。故今本《史记》，有冯商、刘向、刘歆……诸人手笔杂入其中者，定不少也。

总之，书中关于汉事之记载，若严格的甄别，宜以元狩元年以前为断；即稍宽，亦只能截至太初末而止。其有溢出此年限外者，决非史公之旧也。然此犹较易辨别，其最难者，则有：

第三类，后人故意窜乱者。西汉末学界一大公案起焉，曰今古文之争。事缘刘歆典校中秘书，自称发见各种古文经传，其主要者则《春秋左氏传》《周礼》《古文尚书》，其余群经亦皆有古本，而其学说什九与汉初以来诸师所传者相背戾。又有各种纬书，亦皆起自哀、平间，其言荒诞不可究诘。东汉以后，多数学者皆信此等书为先秦古籍，而今文家则谓是皆歆及其徒党所伪造以媚王莽而助其篡。内中与《史记》问题关系最密切者，尤在《尚书》《左传》两书。今文家谓《尚书》为备（意谓汉初诸师所传二十八篇之《尚书》已完备无缺，无所谓百篇及《书序》也），谓《左氏》不传《春秋》（意谓《左氏春秋》即《国语》，纯属别行之史，并非为《春秋》传也）。然则史公所述三代前及春秋间事，宜以《尚书》二十八篇及原本《左氏春秋》——即《国语》为限，而今《史记》乃多有助“古文家言”张目者。严鞫此谳，乃不能不归狱于歆等之有意窜乱。

然则歆等窜乱，果有可能性耶？曰：有。其一，据《汉书·王莽传》：“元始四年，征天下有逸礼、古书（即古文《尚书》）、毛诗、周官、尔雅、天文、图谶、钟律、月令、兵法、史篇、文字，通知其意者，皆诣公车。前后至者千数，皆令记说廷中。将令正乖缪、壹异说。”古文学说之掩袭天下，自此役始。盖此千数人者，皆承莽、歆意旨以改窜古书为职者也；而“史篇”亦在其中，则迁书之遭蹂躏，实意中事。时歆方典中秘书，则彼之所改，自称定本，谁复能与抗辩？其二，续《史记》者十六人，而歆与居一。歆所续今虽不传，然其人学博名高，其书必有可观，故班固《汉书》多采之。（黄省曾《西京杂记序》谓：“班固《汉书》全取刘歆。”虽言之或太过，然歆书为固书最重要之原料殆不可疑。）今本《史记》以后人补续之语羼入正文者，既所在多有（见前文），且尤有后世妄人取《汉书》窜补者（见下文），则其中有一部分为歆手笔，并无足怪。

右所举第一第二类，清代乾嘉诸儒考证颇详。其第三类，则吾师康南海先生（有为）之《新学伪经考》初发此疑，近人崔觯甫（适）著《史记探原》大发其覆，虽其中有过当之处，而大致盖可取。今略综诸家之说推考各篇真伪如下：

第一，全篇原缺后人续补者。《汉书》本传明言：“十篇缺，有录无书。”班固所不及见者，后人何由得见？故左列十篇，应认为全伪：

《孝景本纪》张晏云："亡。"司马贞云："取班书补之。"

《孝武本纪》张晏云："《武纪》亡，褚先生补作也。"司马贞云："褚先生集合武帝事以编年，今止取《封禅书》补之，信其才之薄也。"今案：此纪即《封禅书》之下半，疑并不出褚先生手。或褚补亦亡，后人再割裂他篇充数耶？

《汉兴以来将相名臣年表》张晏云："亡。"裴骃云："太史以后，后人所续。"案：当从张说，全篇为后人补续。

《礼书》张晏云："亡。"司马贞云："取荀卿《礼论》。"

《乐书》张晏云："亡。"司马贞云："取《礼记·乐记》。"

《律书》张晏云："《兵书》亡。"颜师古云："序目无《兵书》。"司马贞云："《兵书》，迁没之后亡。褚少孙以《律书》补之。"

《三王世家》张晏云："亡，褚先生补。"案：今本于太史公赞后附录褚补文，而赞前则录三封荣，实则前后皆褚补也。

《日者列传》《龟策列传》张晏云："亡，褚先生补。"案：此两篇文甚芜鄙，是否即褚补原本，尚未敢信。

《傅靳蒯成列传》张晏云："亡。"案：今本盖后人从《汉书》录补。

第二，明著续之文及补续痕迹易见者：

《三代世表》篇末自"张夫子问褚先生曰"以下。

《张丞相传》篇末自"孝武时丞相多"以下。

《田叔列传》篇未自"褚先生曰"以下。

《平津侯主父列传》篇末自"太皇太后诏"以下。又自"班固称曰"以下。

《滑稽列传》篇末"褚先生曰"以下。

以上各条，今武英殿版本皆改为低一格以示识别。

第三，全篇可疑者。班固称有录无书者虽仅十篇，然吾侪因此已得知《史记》确为未成之书，或虽成而已有亡佚。原书未成之推定，说已详前；即已成之部分，亦有亡佚之可能性。以卷帙浩瀚之书，在传写极艰之时代，散亡甚易，略可想见。《汉书》本传云："迁既死后，其书稍出。”据此似是一部分陆续传布。《后汉书·窦融传》云：“光武赐融以太史公《五宗世家》《外戚世家》《魏其侯列传》。”则摘篇别写单行，固有明例矣。则各家钞本有一部分亡缺，亦事理之常。要之，原缺续补者既有十篇，则所缺所补亦可至十篇以外。《淮南子》所谓“凿一孔而百隙随”也，今本《史记》中多有与《汉书》略同，而玩其文义，乃似《史记》割裂《汉书》，非《汉书》删取《史记》者。崔适指出各篇如下：

《孝武本纪》　妄人录《汉书·郊祀志》

《律书》《历书》　妄人录《汉书·律历志》

《天官书》　妄人录《汉书·天文志》

《封禅书》　妄人录《汉书·郊祀志》

《河渠书》　妄人录《汉书·沟洫志》、

《平准书》　妄人录《汉书·食货志》

《张丞相列传》　妄人录《汉书》

《南越尉佗列传》　妄人录《汉书》

《循吏列传》　妄人所补

《汲郑列传》　妄人录《汉书》

《酷吏列传》 妄人录《汉书》

《大宛列传》 妄人录《汉书·张骞李广列传》

崔氏疑古太勇，其言虽未可据为典要，然既对于此诸篇提出问题，且颇能言之有故，持之成理，则吾辈固宜一为推勘矣。

第四，元狩或太初以后之汉事为后人续补、窜入各篇正文者。此类在年表、世家、列传中甚多，不复枚举。

第五，各篇正文中为刘歆故意窜乱者。此项辨别甚难，举要点数端如下：

一，凡言“终始五德”者。《五帝本纪》《秦始皇本纪》《十二诸侯年表》《孟子荀卿列传》《张苍传》等篇。

二，凡言“十二分野”者。《十二诸侯年表》《齐、宋、郑世家》《张苍传》等篇。

三，凡言《古文尚书》及所述《书序》。《夏、殷、周本纪》《齐、鲁、卫、宋世家》等篇。

四，凡记汉初古文传授者。《儒林列传》《张苍传》等篇。

以上所论关于《史记》真本之种种考证，多来自近人著作而略断以己意，其言颇繁重，或为读者所厌。吾所以不惮烦为此者，欲学者知今本《史记》非尽原文而已。着手读《史记》以前，必须认定此事实，否则必至处处捍格难通也。

读《史记》法之一

读《史记》有二法。一，常识的读法。二，专究的读法。两种读法，有共同之入门准备。

一，先读《太史公自序》及《汉书·司马迁传》，求明了作者年代、性行、经历及全书大概。

二，读《汉书·叙传》论《史记》之部，刘知幾《史通》之《六家篇》《二体篇》《正史篇》，郑樵《通志总序》论《史记》之部，《隋书·经籍志》及《四库提要》之史部正史类关于记述《史记》之部分，求略识本书在史学界之位置及价值。

今先论常识的读法。《史记》为正史之祖，为有组织有宗旨之第一部古史书，文章又极优美，二千年来学者家弦户诵，形成国民常识之一部，其地位与六经诸子相并，故凡属学人，必须一读，无可疑者。惟全篇卷帙颇繁，卒业不易，今为节啬日力计，先剔出以下各部分：

一，十《表》但阅序文，表中内容不必详究，但浏览其体例，略比较各表编次方法之异同便得。

二，八《书》本为极重要之部分，惟今所传似非原本，与其读此，不如读《汉书》各志，故可全部从省。

三，《世家》中吴、齐、鲁、管蔡、陈杞、卫、宋、晋、楚、越、郑各篇，原料什九采自《左传》。既读《左传》，则此可省。但战国一部分之世家仍须读，因《战国策》太无系统故。

四，《武帝纪》《日者传》《龟策传》等，已证明为伪书，且芜杂浅俚，自可不读。《扁鹊仓公传》等，似是长编，非定本，一涉猎便足。

以上所甄别，约当今书三分之一，所省精力已不少。其余各部分之读法略举如下：

第一，以研究著述体例及宗旨为目的而读之。《史记》以极复杂之体裁混合组织，而配置极完善，前既言之矣。

专就列传一部分论，其对于社会文化确能面面顾及，政治方面代表之人物无论矣，学问、艺术方面，亦盛水不漏。试以刘向《七略》比附之：如《仲尼弟子》《老庄申韩》《孟子荀卿》等传，于先秦学派网罗略具，《儒林传》于秦、汉间学派渊源叙述特详，则《六艺略》《诸子略》之属也；如《司马穰苴》《孙子吴起》等传，则《兵书略》之属也；如《屈原贾生》《司马相如》等传，则《诗赋略》之属也；如《扁鹊仓公传》，则《方技略》之属也；如《龟策》《日者》两传，则《术数略》之属也。又如《货殖传》之注重社会经济，《外戚》《佞幸》两传暗示汉代政治祸机所伏，处处皆具特识。又其篇目排列，亦似有微意。如本纪首唐、虞，世家首吴泰伯，列传首伯夷，皆含有表章让德之意味。此等事前人多已论列，不尽穿凿附会也。

若以此项目的读《史记》，宜提高眼光，鸟瞰全书，不可徒拘拘于寻行数墨，庶几所谓“一家之言”者，可以看出。

第二，以研究古代史迹为目的而读之。《史记》既为最古之通史，欲知古代史迹，总应以之为研究基础。为此项目的而读，宜先用“观大略”的读法，将全篇一气呵成浏览一过。再用自己眼光寻出每个时代之关键要点所在，便专向几个要点有关系之事项，注意精读。如此方能钩元提要，不至泛滥无归。

第三，以研究文章技术为目的而读之。《史记》文章之价值，无论何人当不能否认，且二千年来相承诵习，其语调字法，早已形成文学常识之一部。故专为学文计，亦不能不以此书为基础。学者如以此项目的读《史记》，则宜择其尤为杰作之十数篇精读之。孰为杰作，此凭各人赏会，本难有确定标准。吾生平所最爱读者则以下各篇：

《项羽本纪》《信陵君列传》《廉颇蔺相如列传》《鲁仲连邹阳列传》《淮阴侯列传》《魏其武安侯列传》《李将军列传》《匈奴列传》《货殖列传》《太史公自序》。

右诸篇皆肃括宏深，实叙事文永远之模范。班叔皮称：史公“善序述事理，辩而不华，质而不俚，文质相称，良史之才”。如诸篇者，洵足当之矣。学者宜精读多次，或务成诵，自能契其神味，辞远鄙倍。至如明、清选家最乐道之《伯夷列传》《管晏列传》《屈原贾生列传》等，以吾论之，反是篇中第二等文字耳。

读《史记》法之二

今当继论专究的读法。《史记》为千古不朽之名著，本宜人人共读。徒以去今太远，文义或佶屈难晓；郡国名物等事，世嬗称易，或不审所指；加以传写讹舛，窜乱纷纭，时或使人因疑生蔑，后辈诵习渐希，盖此之由。谓宜悉心整理一番，俾此书尽人乐读。吾夙有志，未能逮也。谨述所怀条理以质当世，有好学者或独力或合作以成之，亦不朽之盛事也。

一，《史记》确有后人续补窜乱之部分，既如前述，宜略以前文所论列为标准，严密考证。凡可疑者，以朱线围之，俾勿与原本相混，庶几渐还史公之真面目。学者欲从事此种研究，可以崔适《史记探源》为主要参考书，而以自己忠实研究的结果下最后之判断。

二，吾辈之重视《史记》，实在其所纪先秦古事。因秦、汉以后事，有完备之《汉书》可读。唐虞、三代、春秋、战国之事，有组织的著述，未或能过《史记》也。而不幸《史记》关于此点，殊不足以餍吾辈所期。后人窜乱之部分无论矣，即其确出史公手者，其所述古史可信之程度，亦远在所述汉事下。此事原不能专怪史公，因远古之史，皆含有半神话的性质，极难辨别，此各国所同，不独我国为然矣。近古——如春秋、战国，资料本尚不少，而秦焚一役，“诸侯史记”荡尽，凭借缺如，此亦无可如何者。顾吾辈所致憾于史公，不在其搜采之不备，而在其别择之不精。善夫班叔皮之言也：“迁之著作，采获古今，贯穿经传，至广博也。一人之精，文重思烦，故其书刊落不尽，尚有盈辞，多不齐一。”（《后汉书·班彪传》）试将《史记》古史之部分与现存先秦古籍相较，其中芜累诬诞之辞，盖实不少。即本书各篇互相矛盾者，亦所在而有，此非“文重思烦，刊落不尽”之明效耶？然居今日而治古史，则终不能不以《史记》为考证之聚光点。学者如诚忠于史公，谓宜将汉以前之本纪、世家、年表全部磨勘一度。从本书及他书搜集旁证反证，是正其讹谬而汰存其精粹，略用裴注《三国志》之义例，分注于各篇各段之下，庶几乎其有信史矣。学者欲从事此种研究，则梁玉绳《史记志疑》、崔述《考信录》实最重要之参考书；钱大昕《廿二史考异》、王鸣盛《十七史商榷》、赵冀《廿二史劄记》三书中《史记》之部，次之；其余清儒札记、文集中，亦所在多有。然兹事既极繁重，且平决聚讼，殊大非易。成功与否，要视其人之学力及判断何如耳。然有志之青年，固不妨取书中一二篇为研究之尝试；纵令不能得满意之结果，其于治学之方法及德性，所裨已多矣。

三，《史记》之训诂名物，有非今之人所能骤解者，故注释不可少。然旧注非失之太简，即失之太繁，宜或删或补。最好以现今中学学生所难了解者为标准，别作简明之注，再加以章节句读之符号，庶使尽人能读。

四，地理为史迹筋络，而古今地名殊称，直读或不知所在，故宜编一地名检目，古今对照。

五，我国以帝王纪年，极难记忆；春秋、战国间，各国各自纪年，益复杂不易理。宜于十表之外补一大事年表，贯通全书，以西历纪，而附注该事件所属之朝代或国邑、纪年于其下。其时代则从《十二诸侯年表》以共和元年起，盖前乎此者无征也；其事件则以载于本书者为限。

以上五项，为整理《史记》方法之纲要。学者如能循此致力，则可以《史记》之学名其家，而裨益于后进者且不赀矣。至如就《史记》内容分类研究，或比较政治组织，或观察社会状态，则问题甚多，取材各异，在学者自择也。

荀子

荀卿之年代及行历

吾辈对于国中大思想家，莫不欲确知其年代及其行历，然而世愈古则所知愈少，故思想界关系最大之先秦诸子，其事迹往往绝无可考，或仅有单词孤证，不能窥全迹什之一二。如荀卿者，著书虽数万言，而道及本身历史殊少；《史记》虽有列传，而文甚简略，且似有讹舛：故非悉心考证，不足以语于知人论世也。今遍引各书关于荀卿之资料而参验论次如下：

《史记·孟子荀卿列传》：

荀卿，赵人。年五十始来游学于齐……田骈之属皆已死，齐襄王时，而荀卿最为老师。齐尚修列大夫之缺，而荀卿三为祭酒焉。齐人或谗荀卿，荀卿乃适楚，而春申君以为兰陵令。春申君死而荀卿废，因家兰陵。李斯尝为弟子，已而相秦。

《史记·春申君列传》：

楚考烈王元年，以黄歇为相，封为春申君……春申君相楚八年，以荀卿为兰陵令……春申君相楚之二十五年，考烈王卒，李园伏死士刺春申君，斩其头。

《史记·李斯列传》：

李斯……从荀卿学帝王之术。学已成……欲西入秦，辞于荀卿……至秦，会庄襄王卒。李斯乃求为秦相吕不韦舍人……二十余年，秦并天下，以斯为丞相……李斯置酒于家，百官长皆前为寿……斯喟然而叹曰："嗟乎，吾闻之荀卿曰：'物禁太盛。'……当今人臣之位无居臣上者，可谓富贵极矣。物极则衰，吾未知所税驾也。"

本书刘向《叙录》：

孙卿，赵人，名况。方齐威王、宣王时，聚天下贤士于稷下，尊宠之。若邹衍、田骈、淳于髡之属甚众，号曰列大夫，皆世所称，咸作书刺世。是时孙卿有秀才，年五十始来游学……至齐襄王时，孙卿最为老师。齐尚修列大夫之缺而孙卿三为祭酒焉。齐人或谗孙卿，孙卿乃适楚，楚相春申君以为兰陵令。人或谓春申君曰："汤以七十里，文王以百里。孙卿贤者也，今与之百里地，楚其危乎？"春申君谢之，孙卿去之赵。后客谓春申君曰："伊尹去夏入殷，殷王而夏亡……今孙卿天下贤人，所去之国其不安乎？"春申君使人聘孙卿，孙卿遗春申君书，刺楚国，因为歌赋以遗春申君。春申君恨，复固谢孙卿；孙卿乃行，复为兰陵令。春申君死而孙卿废……李斯尝为弟子，已而相秦。及韩非、浮丘伯皆受业为名儒。孙卿之应聘于诸侯，见秦昭王。昭王方喜战伐，而孙卿以三王之法说之，及秦相应侯，皆不能用也。至赵，与孙膑议兵赵孝成王前，孙膑为变诈之兵，孙卿以王兵难之，不能对也。卒不能用。孙卿道守礼义，行应绳墨，安贫贱。孟子者，亦大儒，以为人之性善。孙卿后孟子百余年，孙卿以为人之性恶，故作《性恶》一篇以非孟子……

应劭《风俗通·穷通篇》：

孙卿有秀才，年十五始来游学……（余略同刘向《叙录》）

《战国策·楚策》：

孙子去而之赵，赵以为上卿。春申君使请孙子，孙子为书谢之曰：鄙语曰“厉怜王……”此为劫杀死亡之主言之也……

桓宽《盐铁论·论儒篇》：

齐湣王奋二世之余烈，南举楚淮，北并巨宋……矜功不休……诸儒谏不从，各分散……而孙卿适楚。内无良臣，故诸侯伐之。

《盐铁论·毁学篇》：

李斯之相秦也，始皇任之，人臣无二。然而荀卿为之不食，睹其罹不测之祸也。

《韩非子·难四篇》：

燕王哙贤子之而非荀卿，故身死为僇。

本书《儒效篇》：

秦昭王问孙卿子曰：……

本书《议兵篇》：

临武君与孙卿子议兵于赵孝成王前……

本书《强国篇》：

应侯问孙卿子曰：入秦何见？……

荀卿子说齐相曰：……处胜人之势，不以胜人之道，索为匹夫不可得也……今巨楚县吾前，大燕鳅吾后，劲魏钩吾右……是一国作谋，则三国必起而乘我……

群书所记载荀卿事迹，略尽于此。其中年岁最明显者，则西纪前二五五年——即楚考烈王八年，荀卿仕楚为兰陵令。此事史文纪载详确，宜据为荀卿传迹之中心。虽然，若依《韩非子》所说，则荀卿及见燕王哙。哙在位九年，当西纪前三二〇至前三一二年，下距考烈王八年凡六十余年。依《盐铁论》所说，则荀卿及见李斯相秦。斯相秦在秦始皇三十四年，当西纪前二一三年，上距考烈王八年凡四十一年。前后相去已百余年。若如后人所解《史记》本传及刘向《叙录》之文，则荀卿当齐威、宣时，年五十来游学；齐威王在位三十年，自前三七八至前三四三，宣王在位十九年，自前三四二至前三二四；即以宣王末年卿年五十计，则至李斯相秦时，荀卿当百六十一岁。天下安有此情理？且刘向言“孙卿后孟子百余年”，若卿及见齐宣王、燕王哙，则与孟子并世矣。故《韩非子》之说，当然不可信（此又关涉《韩非》真伪问题，当别论之）。而《史记》及刘向之文，亦当仔细䌷绎，别下解释。彼文记齐威、宣间稷下列大夫之事，乃是追叙，并非谓荀卿及见威、宣，故《史记》云：“田骈之属皆已死。”宣王后为湣王，凡四十年；湣王后为襄王，凡十九年。荀卿游齐，盖在湣王末年。旋因进谏不用，遂去齐适楚。及襄王时再游齐，则年辈已尊，三为祭酒也。然自湣王最末一年下至秦始皇三十四年，亦已七十一年。若荀卿其时年五十，则亦必百二十余岁始能见李斯之相，其说仍不可通。“年五十”之文，《风俗通》作“年十五”，似较近真。今本《史记》及刘向《叙录》，或传写之讹耳。荀卿及见李斯相秦与否，亦一问题。《盐铁论》云云，或因李斯述荀卿“物禁太盛”一语而增益附会之，未可知也。要之，齐湣王末年，荀卿年当在二十前后，李斯为相时，卿存没虽难确考，然斯之贵盛，则卿尚及见。似此推定，则卿年寿盖八九十岁，虽不中，当不远矣。今略依此设为假定，谱荀卿年历如下：

前二九三（齐湣王三十一年）假定是年荀卿年十五，始游学于齐。

前二八六（齐湣王三十八年）是年齐灭宋。

前二八五（齐湣王三十九年）荀卿有说齐相书，见本书《强国篇》。说既不行，遂去齐适楚。（《盐铁论·论儒篇》所言即指是年事。知说齐相书在是年者，因书中叙四邻强国举楚、燕、魏而不及宋，知在灭宋后矣。时齐君相方“矜功不休”，而荀卿已料“一国作谋三国起乘”。齐人不能听，卿遂去之。明年而五国伐齐，湣王为僇矣。）

前二八四至前二六八（齐襄王元年至十七年）荀卿复游齐。三为祭酒，当在此十余年间。

前二六七（齐襄王十八年）（秦昭王四十一年）是年秦以范雎为相，号为应侯。本书《儒效篇》与秦昭王问答，《强国篇》与应侯问答，皆当在本年以后。

前二六六（赵孝成王元年）本书《议兵篇》与孝成王及临武君问答，当在本年以后。（临武君姓名无考，《叙录》指为孙膑，恐非是。其年代不相及也。）

前二六二（楚考烈王元年）是年春申君相楚。

前二五五（楚考烈王八年）假定是年荀卿五十三岁。是年春申君以卿为兰陵令。（列传言“齐人或谗孙卿，孙卿乃适楚”。去齐适楚之年难确考，要当在本年以前也。《战国策》又言春申君客谗孙卿，卿去楚适赵，赵以为上卿。事当在本年以后。其见秦昭王及赵孝成王，疑皆在兰陵令去职之后。）

前二四六（秦始皇元年）《史记·李斯列传》言："斯辞荀卿入秦，会庄襄王卒。"事当在此一两年间。

前二三六（秦始皇十一年）（楚考烈王二十五年）是年李园杀春申君，荀卿遂废居兰陵。假定是年荀卿七十二岁。（据《战国策》及刘向《叙录》，荀卿似尝两度为兰陵令。其第二次任职，当在本年之前数年间。）

前二一三（秦始皇三十四年）是年李斯相秦。是年荀卿若尚生存，则假定为九十五岁。

关于荀卿年代行历之参考书（以下各篇，王先谦《荀子集解》汇录于卷首可参看）：

宋唐仲友《荀子序》。

宋晁公武《郡斋读书志·子部·儒家类》荀子条。

宋王应麟《汉书艺文志考证》荀子条。

《四库全书总目·子部·儒家类》荀子条。

清汪中《述学》《荀卿子通论》附年表。

清胡元仪《荀卿别传》附考异。

《荀子》书之著作及其编次

本书刘向《叙录》云："孙卿卒不用于世，老于兰陵。疾浊世之政，亡国乱君相属，不遂大道，而营乎巫祝，信机祥，鄙儒小拘，如庄周等又滑稽乱俗，于是推儒墨道德之行事兴坏，序列著数万言而卒。"是以《荀子》书为荀卿所手著也。今案，读全书，其中大部分固可推定为卿自著，然如《儒效篇》《议兵篇》《强国篇》皆称"孙卿子"，似出门弟子记录。内中如《尧问篇》末一段，纯属批评荀子主语，其为他人所述尤为显然。又《大略》以下六篇，杨倞已指为荀卿弟子所记卿语及杂录传记。然则非全书悉出卿手盖甚明。

《荀子》书初由汉刘向校录，名《孙卿新书》。《汉书·艺文志》著录，名《孙卿子》。（颜注云："本曰荀卿，避宣帝讳故曰孙。"）唐杨倞为作注，省称《荀子》，今遂为通名。刘向《叙录》云："所校雠中《孙卿书》凡三百二十二篇，以相校，除复重二百九十篇，定著三十二篇。"言中秘所藏孙卿之书共三百二十二篇，实三十二篇，余皆重复之篇也。《汉书·艺文志》作三十三篇。王应麟谓传写之讹，殆然。《隋书·经籍志》作十二卷，《旧唐志》同。今本二十卷，乃杨倞所析，编次亦颇易其旧。倞自序云："以文字繁多，故分旧十二卷三十二篇为二十卷。其篇第亦颇有移易，使以类相从。"今将新旧篇第列表对照如下：

（刘向本）	（杨倞本）
劝学篇第一	同
修身篇第二	同
不苟篇第三	同
荣辱篇第四	同
非相篇第五	同
非十二子篇第六	同
仲尼篇第七	同
成相篇第八	第二十五
儒效篇第九	第八
王制篇第十	第九
富国篇第十一	第十

王霸篇第十二	第十一
君道篇第十三	第十二
臣道篇第十四	第十三
致仕篇第十五	第十四
议兵篇第十六	第十五
强国篇第十七	第十六
天论篇第十八	第十七
正论篇第十九	第十八
乐论篇第二十	同
解蔽篇第二十一	同
正名篇第二十二	同
礼论篇第二十三	第十九
宥坐篇第二十四	第二十八
子道篇第二十五	第二十九
性恶篇第二十六	第二十三
法行篇第二十七	第三十
哀公篇第二十八	第三十一
大略篇第二十九	第二十七

尧问篇第三十　　第三十二

君子篇第三十一　第二十四

赋篇第三十二　　第二十六

杨倞所改编是否惬当，另为一问题。但刘向旧本，亦不过就中秘所藏三百余篇之丛稿订讹芟复，从新编次，原非必荀卿时之旧，故改编亦不必指为紊古也（汪容甫《荀卿子通论》谓："其书始于《劝学》，终于《尧问》，篇次实仿《论语》。"恐是附会）。

但刘向本篇第，是否即向之旧，似仍有问题。《汉书·艺文志·儒家》载"《孙卿子》三十三篇"，而《赋家》复载"孙卿赋十篇"，知刘向裒定《七略》时，两书本各自别行；乃今本则赋篇即在三十二篇中，而其赋又仅五首，颇难索解。今案，《成相篇》纯属韵文文学，其格调绝类今之鼓儿词，亦赋之流。《汉志》杂赋十二家别有《成相杂辞》十一篇，知古代本有此体，而作者非独荀卿矣。本书《成相篇》亦以五首组成，故知《汉志》所谓"赋十篇"者，实即本书《成相篇》《赋篇》之各五首也。（此说采自胡元仪。但胡谓合此二篇即《成相杂辞》之十一篇，而谓《汉志》“孙卿赋十篇”之文为脱去“一”字，则误也。）以此论之，则所谓《孙卿子》者，当除此两篇外别有三十二篇。今乃合此两篇共成三十二篇，不已缺其二耶？案：本书《大略篇》首“大略君人者隆礼尊贤而王……”，“大略”二字与下文不相属，明是标题（杨倞注已言之）。而《儒效篇》篇末一段云：“人论志不免于曲私……”，“人论”二字不与下连。《王制篇》篇中一段云：“序官宰爵知宾客……”，“序官”二字与下不连，体例正如《大略篇》。是“人论”“序官”本为两篇名，略可推见（王念孙谓“论当读为伦”，未免求之太深。“人论”为一篇名，正如书中《天论》《礼论》《乐论》诸篇耳）。然则后此何故失此二目而将四篇并为两篇耶？当缘有传钞者以“孙卿子”与“孙卿赋”合为一书，将赋十篇（并成相言）附于末；二度传钞者，不解“成相”之义，见其文与“非相”相近，遂提前置诸第八篇；三度传钞者觉增此二篇与“三十二篇”之数不符，而当时各篇名，或皆如《大略篇》之仅著于篇首，并未提行另写，钞者失察，遂合四为二，谓符原数。信如是也，则《仲尼篇》第七之下，宜次以《儒效篇》第八，

《人论篇》第九，《王制篇》第十，《序官篇》第十一。其《富国》《王霸》至《尧问》《君子》诸篇以次从第十二递推至三十二，而《成相》《赋》两篇则另为“孙卿赋”而不以入《荀子》，庶几还中垒校录之旧观矣。此问题前此绝未尝有人提起，吾所推论，亦别无旁证，姑悬之以俟好事者疏证云尔。

大小戴两《礼记》，文多与《荀子》相同，今互举其篇名如下：

《小戴·三年问篇》 《小戴·礼三本篇》	《荀子·礼论篇》
《小戴·乐记篇》 《小戴·乡饮酒义篇》	《荀子·乐论篇》
《小戴·聘义篇》	《荀子·法行篇》
《大戴·劝学篇》	《荀子·劝学篇》
《大戴·曾子立事篇》	《荀子·修身篇》 《荀子·大略篇》

凡此皆当认为《礼记》采《荀子》，不能谓《荀子》袭《礼记》，盖《礼记》本汉儒所裒集之丛编，杂采诸各家著

述耳。然因此可推见两《戴记》中其摭拾荀卿绪论而不著其名者或尚不少，而《荀子》书中亦难保无荀卿以外之著作搀入。盖《荀子》书亦由汉儒各自传写，诸本共得三百余篇，未必本本从同。刘向将诸本冶为一炉，但删其重复，其曾否悬何种标准以鉴别真伪，则向所未言也。杨倞将《大略》《宥坐》《子道》《法行》《哀公》《尧问》六篇降附于末，似有特识。《宥坐》以下五篇，文义肤浅。《大略》篇虽间有精语，然皆断片，故此六篇宜认为汉儒所杂录，非《荀子》之旧。其余二十六篇，有无窜乱或缺损，则尚待细勘也。

《荀子》学术梗概及书中最重要之诸篇

荀子与孟子，为儒家两大师。虽谓儒家学派得二子然后成立，亦不为过。然荀子之学，自有其门庭堂奥，不特与孟子异撰，且其学有并非孔子所能赅者。今举其要点如下：

第一，荀子之最大特色，在其性恶论。性恶论之旨趣，在不认人类为天赋本能所支配，而极尊重后起的人为，故其教曰“化性起伪”。伪字从人从为，即人为之义。

第二，惟其如是，故深信学问万能，其教曰“习”曰“积”。谓习与积之结果，能使人尽变其旧，前后若两人。若为向上的习积，则“积善成德而圣心备”，是即全人格之实现也。后世有提倡“一超直入”之法门者，与“积”之义相反，最为荀子所不取。

第三，学问如何然后能得，荀子以为全视其所受教育何如。故主张“隆师”，而与孟子“虽无文王犹兴”之说异。

第四，名师或不获亲接，则求诸古籍，故荀子以传经为业。汉代诸经传受，几无一不自彼出（说详汪容甫《荀卿子通论》），而其守师法皆极严。

第五，既重习而不重性，则不问遗传而专问环境。环境之改善，荀子以为其工具在“文理”——文物与条理。文理之结晶体谓之“礼”，故其言政治、言教育皆以礼为中心。

第六，“礼，时为大。”故主张法后王而不贵复古。

第七，“礼”之表现，在其名物度数。荀子既尊礼学，故常教人对于心、物两界之现象，为极严正极绵密之客观的考察，其结果与近世所谓科学精神颇相近。

以吾所见荀子学术之全体大用，大略如是。盖厘然成为一系统的组织，而示学者以可寻之轨也。今将全书各篇重要之内容论次如下（次第依今本）：

《劝学篇》上半篇（自“学不可以已”起，至“安有不闻者乎”止。）采入《大戴礼记》，大旨言性非本善，待学而后善。其要点在力言“假于物”之义，“渐积”之义，以明教育效能。其下半篇则杂论求学及应问方法。

《修身篇》 教人以矫正本性之方法，结论归于隆礼而尊师。

《不苟篇》 教人审度事理，为适宜之因应。

《荣辱篇 论荣辱皆由人所自取，中多阐发性恶语。

《非相篇》 篇首一段，辟相术之迷信，编录者因取以为篇名。内中有“法后王”一段，实荀说特色之一。篇末论“谈说之术”两段亦甚要。

《非十二子篇》 本篇批评当时各家学派之错误，并箴砭学风之阙失。内中所述各派，实为古代学术史之重要史料。

《仲尼篇》 本篇多杂论，无甚精采。

《儒效篇》大旨为儒术辩护。内中有“隆性隆积”一段，为性恶论之要语。

《王制篇》 以下五篇皆荀子政治论。本篇论社会原理，有极精语。

《富国篇》 本篇论生计原理，全部皆极精。末两段言“非攻”及外交术，文义与全篇不甚相属。

《王霸篇》 本篇言政术，多对当时立言。

《君道篇》 本篇论“人治”与“法治”之得失，有精语。

《臣道篇》《致仕篇》 此两篇无甚精采。

《议兵篇》《强国篇》 此两篇承认当时社会上最流行之国家主义，而去其太甚。

《天论篇》 本篇批驳先天前定之说，主张以人力征服天行，是荀子哲学中极有力量的一部分。

《正论篇》 本篇杂取世俗之论，批评而矫正之。全篇不甚有系统，惟末两段批评宋钘，最为可贵，因宋钘学说不多见，得此可知其概也。

《礼论篇》 礼学为荀子所最重，本篇自为书中重要之篇。惟细绎全文，似是凑集而成。其第一段论礼之起原最精要。“礼有三本”以下，《大戴礼记》采录为《礼三本篇》。“三年之丧何也”以下，《小戴礼记》采录为《三年问篇》。

《乐论篇》 本篇一部分采入《小戴礼记·乐记篇》。其论音乐原理及音乐与人生之关系最精。但《乐记》所说，尤为详尽，未知是编《小戴》者将本篇补充耶？抑传钞本篇者有遗阙耶？

《解蔽篇》 本篇为荀子心理学，其言精深而肃括，最当精读，且应用之于修养。

《正名篇》 本篇为荀子之逻辑学，条理绵密，读之益人神智（宜与《春秋繁露·深察名号篇》同读）。

《性恶篇》 本篇为荀子哲学之出发点，最当精读。

《成相篇》《赋篇》 此二篇为荀子的美文，本不在本书之内，略浏览知文体之一种可耳。

《君子篇》《大略篇》《宥坐篇》《子道篇》《法行篇》《哀公篇》《尧问篇》 此七篇疑非荀子著作，不读亦可。

读《荀子》法

读《荀子》有两种目的，第一，为修养应用；第二，为学术的研究。

为修养应用起见，读《荀子》最能唤起吾辈之自治力，常检束自己，不至松弛堕落；又资质稍驽下之人，读之得“人定胜天”的信仰，能增加其勇气；又其理论之剖析刻入处，读之能令思虑缜密遇事能断。是故读《孟子》之益处在发扬志气，读《荀子》之益处在锻炼心能，二者不可偏废。为此种目的而读《荀子》，宜将心赏之格言，分类摘钞。——如有益于修身者，有益于应事者，有益于治学方法者。——常常熟讽牢记，随时参证于己身，庶几荀子所谓“博学而日参己，则知明而行无过矣”。

为学术的研究起见，其目的在求了解荀子学术之全系统及其在学术史上之位置。此种读法，宜特别注重数篇——最初读《劝学篇》观其大概。次读《性恶篇》观其思想根核所在。次读《解蔽》《正名》《天论》三篇，观其所衍之条理。次读《礼论》《乐论》两篇，观其应用于社会所操之工具如何。次读《正论篇》《非十二子篇》，观其对于异派之攻难及辩护，如是则可以了解荀子之哲学及其教育。次读《富国》《君道》《王制》三篇，则可以了解荀子之政治学及其政术。更次则《荣辱》《非相》两篇，间有极精之语，但不名一类，宜撷取为补助。以上诸篇，极须精读。余篇涉览足矣。

凡欲彻底了解一家学说，最好标举若干问题为纲领，将全书中关涉此问题之语句，悉数钞录，比较钩稽以求其真意之所存。例如《荀子》之所谓性伪，所谓积，所谓习与化，所谓名，所谓礼，所谓蔽……等等，皆其主要问题也，各篇皆有论及，类钞而比观之，始能得其全豹。

凡立言总带有几分时代色彩，故孟子贵“知人论世”。荀子生今两千余年前，其言有专为当时之社会而发者，自当分别观之，不可盲从以责效于今日，但亦不可以今日眼光绳之，遂抹杀其在当日之价值也。至于其学说之含有永久性者——即并非对于时代问题而发言者，则无论何时，皆可以咨其严刻之评骘也。

《荀子》书多古训，其语法亦多与近代文不同，且脱误之字颇不少，故有时非借注释不能了解。旧注惟唐杨倞一家。前清乾嘉以降，校释者复数家。最先者为谢墉、卢文弨合校本，浙刻《二十二子》所采是也；次则郝懿行之《荀子补注》，王念孙之《读荀子杂志》，俞樾之《荀子平议》。自有此诸书，而《荀子》始可读矣。近人王先谦裒诸家所释，间下己意，为《荀子集解》；现行《荀子》注释书，无出其右，读者宜置一本也。

韩非子

韩非行历

有数十万言著作之一学者而其生平事迹在作品中几一无可考如韩非者，可谓大奇。吾辈欲研究韩非为人，乃不能不仅以《史记·老庄申韩列传》区区之资料自甘。传云："韩非者，韩之诸公子也。喜刑名法术之学，而其归本于黄老……善著书。与李斯俱事荀卿，李斯自以为不如。非见韩之削弱，数以书干韩王，韩王不能用。于是……作《孤愤》《五蠹》《内外储》《说林》《说难》十余万言。人或传其书至秦，秦王见《孤愤》《五蠹》之书曰：'嗟乎！寡人得见此人与游，死不恨矣！’李斯曰：‘此韩非之所著书也。’秦因急攻韩。韩始不用非，及急，乃遣非使秦。秦王悦之，未信用。李斯、姚贾害之……秦王……下吏治非，李斯使人遗非药，使自杀……”案：《秦本纪》《六国表》，非之使秦，在始皇十四年。（《韩世家》言在安王五年，则当为始皇十三年。当以纪、表为是。）其被害当在此一两年间，则非之卒盖当西纪前二三三年或前二三二年，生年则无可考矣。其著书盖在使秦以前。司马迁《报任安书》有“韩非囚秦，《说难》《孤愤》”语，与本传矛盾，恐不足信。计非自下吏至自杀为时必甚暂，岂有余裕成此巨著耶？（迁书所云：“文王幽而演《周易》，仲尼厄而作《春秋》，屈原放逐，乃赋《离骚》，左丘失明，厥有《国语》，孙子膑脚，《兵法》修列，不韦迁蜀，世传《吕览》，韩非囚秦，《说难》《孤愤》。《诗三百篇》，大抵圣贤发愤之所为作也。”除左丘、孙膑事未有明确反证外，其余六事几无一不与事实相违，且反证即大半可从《史记》中觅出，亦一奇也。因论韩非辄附及之。）吾侪在本书中虽不能多得韩非事迹，然其性格则可想见。彼盖一极倔强之人，确守其所信而不肯自枉以蕲合于流俗。彼固预知其不能免于世祸，然终亦不求自免。其遇可哀，而其志可敬也。

《韩非子》书中疑伪之诸篇

《汉书·艺文志》：“《韩子》五十五篇。”《隋书·经籍志》：“《韩子》二十卷。”今本篇数、卷数并同，故学者率以为今本即汉、隋两志原本，且谓全书皆韩非手撰。然隋唐间类书所引《韩子》佚文不下百余条（看王先慎《韩非子集解》卷首），则今本之非其旧可知。诸篇中亦有可确证或推定其非出非手著者，如：

《初见秦篇》 此篇为张仪说秦惠王之词，明见于《战国策》。吴师道、顾广圻辈乃据本书而指《国策》为误，可谓无识。篇中言：“天下阴燕阳魏连荆固齐收韩而成纵，将西面以与秦为难。”此明是苏秦合纵时形势。若至韩非时，他国且勿论，如彼韩者，则《存韩篇》明云：“韩事秦三十余年……入贡职与郡县无异。”岂复有“与秦为难”之勇气耶？

《存韩篇》 此篇前半，当是非使秦时所上书。惟后半处“诏以韩客之所上书，书言韩之未可举，下臣斯”以下，备载李斯驳论及秦韩交涉事迹，明是当时秦史官或李斯徒党所记录，决非出非手。

《有度篇》 言“荆、齐、燕、魏今皆亡国”，明是秦始皇二十六年后人语，距非之死逾十年矣。

以上三篇，皆从文句上得有反证，可决其不出非手。既有三篇不可信，则余篇亦岂遽能尽信？大抵汉初搜罗遗书，以多为贵，“买菜求添”，恒所不免，而传钞纂录者又非皆有鉴别之识，故所传诸子书不被窜乱者盖鲜，不独韩非为然矣。

太史公述韩非书，标举《孤愤》《五蠹》《内外储》《说林》《说难》为代表，则此诸篇当为最可信之作品（最少亦太史公认为最可信）。吾侪试以此诸篇为基础，从文体上及根本思想上研究，以衡量余篇，则其孰为近真，孰为疑伪，亦有可言者。以文体论，《孤愤》《五蠹》等篇之文，皆紧峭深刻，廉劲而锐达，无一枝辞。反之若《主道》《有度》《二柄》《扬权》《八奸》《十过》等篇，颇有肤廓语。《主道》《扬权》多用韵（《孤愤》等篇绝无此体），文体酷肖《淮南子》。《二柄》《八奸》《十过》等，颇类《管子》中之一部分。（《管子》多属战国、秦汉间作品，别详彼书解题。）《忠孝》《人主》《饬令》《心度》《制分》诸篇亦然。以根本思想论，太史公谓“韩子引绳墨，切事情，明是非”，盖韩非为最严正的法治主义者，为最综核的名学家，与当时似是而非的法家言——如主张用术、主张用势等——皆有别。书中余篇（如前所列各篇多半是），或多摭拾法家常谈，而本意与《孤愤》《五蠹》等篇不无相戾，此是否出一人手，不能无疑。

要之，今本《韩非子》五十五篇，除首两篇外，谓全部为法家言渊海则可，谓全部皆韩非作，尚待商量；但吾侪当未能得有绝对反证以前，亦不敢武断某篇之必为伪，姑提出一二标准，备自己及同志者之赓续研究耳。

《韩非子》中最重要之诸篇

欲知韩非学说之真际，宜先读以下各篇：

《五蠹篇》 从社会起原及社会组织古今变迁之实况说起，以证明法治主义之合理。颇肖唯物史观派口吻。

《显学篇》 对于当时儒、墨两大派作正面攻击，使法家言成立。（此篇尤以攻击儒家为最烈，别有《问田篇》与墨家巨子田鸠辩难。）

《定法篇》 当时法家共宗商鞅、申不害。此篇批评其不彻底之点，以成韩子之“新法家学说”。

《难势篇》 专驳慎到之势治主义。慎到，盖由道家过渡到法家之一派也。

《问辩篇》 攻击惠施、公孙龙一派之名家言，谓其诡辩而无功用。

《孤愤篇》 此篇言纯正法家言与社会不相容之故，最能表示著者反抗时代的精神。

《说难篇》 从心理方面研究发言之方法及效率，渊渊入微。

次要诸篇

《六反篇》《八说篇》《八经篇》 此三篇皆反复证成已

说，中多精语。

《内外储说》共六篇　此六篇体裁颇奇，每篇首一段名为“经”，标举所陈之义而证以实例。实例各以一句隐括为目，其下则为传（但无传名），详述其所引实例之始末。所引实例，含有小说的性质者较多。

《说林上下篇》　似是预备作《内外储说》之资料。

《难一》《难二》《难三》《难四》四篇　专对于不合理的事实或学说而下批评，多精核语。后此王充《论衡》正学其体。

《解老篇》《喻老篇》　专训释《老子》，盖韩非哲学根本思想“归于黄老”也。《解老篇》精语尤多，为治《老子》者首应读之书。

《难言篇》《爱臣篇》《饰邪篇》　盖非早年上韩王之书，多对于时事发言。

《韩非子》校释书及其读法

《韩非子》旧有尹知章注，见《唐书·艺文志》，久佚。

今本注不知出谁氏。元何犿称旧有李瓒注，或即其人，其年代亦无考。此书间有艰深之文句，非注不解，且多讹舛，非校不明。今注芜浅，殊不足副读者之望。清儒卢文弨、顾广圻、王念孙、俞樾、孙诒让先后有所校释。而王先慎采葺之作《韩非子集解》，现在释韩非之书无出其右矣。然卢、王诸家对是书用力，似不如他书之勤，故遗义尚不少。王先慎学识亦凡近，罕所发明。故此书之整理，尚有望于后起也。

韩非为先秦诸子之殿，亲受业荀卿，洞悉儒家症结：“其归本于黄老”，盬道家之精；与田鸠游，通墨家之邮；又泛滥于申、商、施、龙，而悉抉其藩，以自成一家言。以极致密深刻之头脑，生诸大师之后，审处而制之，其所成就之能大过人，则亦时代使然也。故其书与《老》《墨》《庄》《孟》《荀》同为不可不读之书，不必专门学者也，一般人皆然。

读《韩非子》，宜略依前列各篇之次第读之，先明其根本思想所在。《管子》《商君书》等多由韩非并时人或后人摭拾而成，可作本书附属品读。

欲知韩非思想之渊源，则胡适《中国哲学史大纲》及吾所著《先秦政治思想史》皆可参看。但切勿为其所囿，韩学研究，今尚幼稚，可辟之殖民地甚多也。

《韩非子》文章价值，唐宋以来文人多能言之。其文最长处在壁垒森严，能自立于不败之地以摧敌锋，非深于名学者不能几也，故在今日尤宜学之。《内外储说》等篇，在“纯文学”上亦有价值。

左传　国语

《左传》之来历

《左传》，举全称则《春秋左氏传》。《汉书 · 艺文志》：“《春秋古经》十二篇。《左氏传》三十卷。”原注云：“左丘明，鲁太史。”《左传》著录始此。《志》所录刘歆《七略》文云：“仲尼……以鲁……史官有法，故与左丘明观其史记……有所褒讳贬损，不可书见，口授弟子，弟子退而异言。丘明恐弟子各安其意以失其真，故论本事而作传，明夫子不以空言说经也。”前乎此者，则《史记 · 十二诸侯年表》云：“孔子……西观周室，论史记旧闻，兴于鲁而次

《春秋》……七十子之徒，口受其传指，为有所刺讥褒讳挹损之文辞，不可以书见也。鲁君子左丘明，惧弟子人人异端，各安其意失其真，故因孔子史记，具论其语，成《左氏春秋》。”据此，则《左传》为注释孔子之《春秋》而作，与《春秋》同时先后成书，似甚明。

虽然，考汉代对于《左传》传习经过之事实，则不能无疑。盖西汉一代经师，似未尝以此书为与《春秋经》有何等关系。起而张之者，实自刘歆始。《汉书·歆传》云：“歆校中秘书，见古文《春秋左氏传》，大好之……初，《左氏传》多古字古言，学者传训故而已。及歆治《左氏》，引传文以解经，转相发明……歆以为左丘明好恶与圣人同，亲见夫子，而《公羊》《穀梁》在七十子后，传闻之与亲见之，其详略不同……及歆亲近欲建立《左氏春秋》及《毛诗》《逸礼》《古文尚书》，皆列于学官……诸博士或不肯置对，歆因移书太常博士责让之曰：‘……《春秋左氏》，丘明所修……藏于秘府，伏而未发……缀学之士，不思废绝之阙……信口说而背传记，是末师而非往古……犹欲抱残守缺，挟恐见破之私意，而无从善服义之公心……以《尚书》为备，谓《左氏》为不传《春秋》，岂不哀哉！……'其言甚切，诸儒皆怨恨。是时名儒光禄大夫龚胜，以欲移书，上书深自罪责，愿乞骸骨罢。及儒者师丹为大司空，亦大怒，奏歆改乱旧章……”据本传所记，吾侪可以得下列各项事实：（一）《左传》“藏于秘府”，外人罕得见，歆校中秘书乃见之。（二）“引传文以解经”自歆始，前此无有。（三）诸博士皆谓“《左氏》为不传《春秋》”。（四）歆以全力争立此书于学官，至于激动公愤。

《左氏》不传《春秋》

既有此类事实，吾辈对于《左传》当然不能不引起怀疑。第一，《左传》全书真伪问题。第二，《左传》对于《春秋》有无关系之问题。第一问题极易解决，因书中皆记春秋时代实事，断非后人所能全部捏造；且《史记》征引其文甚多，司马迁已见其书，可见非西汉末年始有。故今所当讨论者，惟在第二问题。

对于此问题之解答，吾辈盖左袒汉博士“《左氏》不传

《春秋》”之说。案《左氏》释经之文，有不可解者四端：

一，无经之传。例如隐五年“曲沃庄伯伐翼……翼侯奔随”。经本无关于此事之文，何以有传？夫传以释经，既无经可谓传乎？

二，有经而不释经之传。凡传以释经义，非述其事也。例如隐五年“九月，初献六羽”。《公羊传》曰：“何以书？讥始僭诸公也。”是释其义也。《左传》但述羽数，此与经同述一义耳，岂似传体？

三，释不书于经之传。例如隐元年“五月，费伯帅师城郎。不书，非公命也”。夫释经而释不书于经者，则传书者不当释黄帝何以无典，吴楚何以无风乎？

四，释经而显违经意之传。例如隐三年书“尹氏卒”。《公羊传》云：“讥世卿。”为昭二十三年“尹氏立王子朝”张本也。此孔子反对贵族政体之大义，书中盖屡见。《左氏》改“尹”为“君”，谓为隐公之母，凡以避世卿之讥，袒庇王氏而已。

要之，孔子之《春秋》，孟子所谓：“其事则齐桓、晋文，其文则史，其义则丘窃取之矣。”董生所谓：“文成数万，其指数千，万物聚散，皆在《春秋》。”盖每条皆必有所谓“义”、所谓“指”者存焉。若如《左氏》所释，则全书皆鲁史官之旧，而孔子仅得比于一钞胥，此何为者？故《左氏》自《左氏》，《春秋》自《春秋》，“引传解经”实刘歆作俑耳。

《左氏春秋》与《国语》

然则《左氏》原书当何如？《史记·太史公自序》云：“左丘失明，厥有《国语》。”《五帝本纪》云：“余观《春秋》《国语》。”似司马迁所见而据为资料者，只有一部《国语》，而《史记》各篇引今本《左传》文甚多，引今本《国语》文甚少，因此惹起一问题：司马迁所见《国语》是否即为今本《国语》，《史记》所引《左传》诸文，是否包含在迁所见《国语》之中。质言之，则《左传》《国语》是一是二之问题也。韦昭《国语解叙》云：“左丘明……复采录前世穆王以来，下讫鲁悼智伯之诛……以为《国语》。其文不主于经，故号曰外传。”此东汉人之说，盖起自《左传》盛行之后，号曰“外传”，对《左氏》之为内传言也。然今本《国语》则大怪。论其年代，固以春 秋为中坚，与《春秋》一书时代略相函，然其中述隐元年至哀十四年二百四十年间事反极少，将极主要之部分概从阙略。再反观今本《左传》亦大怪。既云释《春秋》，自当以隐元年至哀十四年为起讫之大限，乃发端记“惠公元妃孟子……”，事已在隐前，犹可曰为隐公摄位直接张本，不得不追述也。至如桓二年“晋穆侯夫人姜氏以条之役生太子……”一篇，所记事还在《春秋》前数十年，经中亦绝无关于此事之文。释经而缕缕道此，果何为者？全书最末一篇，记悼四年智伯之灭，又远在获麟后数十年，与孔子的《春秋》有何关系？释经而缕缕道此，又何为者？是故今本《国语》与今本《左传》，若析而为二，则两书皆可谓自乱其例，不足以列于著作之林；若合而为一，则西周末东周初三百余年间一良史也。其书则本名《国语》，或亦称《左氏春秋》。《左氏春秋》者，犹《晏子春秋》《吕氏春秋》，纯为一独立之著述，与孔子之《春秋》绝无主从的关系也。其由《左氏春秋》而变成《春秋左氏传》，则自刘歆之引传解经始也。以上所推测若不谬，则所得结论为左列数项：

一，《国语》即《左氏春秋》，并非二书。

二，其书分国为纪，并非编年。

三，刘歆将鲁惠、隐间迄哀、悼间之一部分抽出，改为编年体，取以与孔子所作《春秋》年限相比附，谓之《春秋左氏传》；其余无可比附者，剔出，仍其旧名及旧体例，谓之《国语》。

四，凡今本《左传》释经之文，皆非原书所有，皆刘歆“引传释经”之结果。内中有“君子曰”云云者亦同。

五，其余全书中经刘歆窜入者当不少。

关于考证《左传》真伪之参考书：

刘逢禄《左传春秋考证》。

康有为《新学伪经考》关于《左传》之部。

崔适《史记探源》关于《左传》之部。

《左传》《国语》之著作者年代及其史的价值

考证至此，则此书之著作者及其年代，将皆成问题。

依《史记·十二诸侯年表》及《汉书·艺文志》，则著者姓左名丘明，《志》谓为孔子弟子，《表》谓为鲁之君子。然《太史公自序》云："左丘失明，厥有《国语》。"则其人名丘，非名丘明也。且既为孔子弟子，则《仲尼弟子列传》何故遗之？因此则《十二诸侯年表》有无经后人窜乱，且成问题（崔适直指为窜乱——说详《史记探源》卷四页二）。谓为"孔子弟子左丘明"者，作伪者因《论语》有"左丘明耻之，丘亦耻之"之语，因影射之谓"好恶与圣人同"耳。其书既"不传《春秋》"，则所谓"与孔子观史记"云云皆属虚构，而其人殆不名丘明。但此属小节，且勿论。究竟左氏其人者何时人耶？《左传》《国语》皆述晋灭智伯事，《国语》述越灭吴事，事皆在孔子卒后二十余年，则其成书最早亦后于孔子作《春秋》约三十年矣。尤足怪者，"腊"为秦节，"庶长"为秦爵，而此两名乃见于《左传》。且"庶长"者，商鞅所设之武功爵也，而作者道之，得毋其成书乃在商鞅相秦后耶？记陈敬仲事曰："八世之后，莫之与京。"记季札适鲁听乐曰："郑其先亡乎？"适晋，说赵文子、韩宣子、魏献子曰："晋国其萃于三族乎？"《左氏》好语神怪，种种“浮夸”之词（用韩愈评语）本数见不鲜。然当敬仲初亡命于齐时，而决言其八世之后必篡齐；当郑七卿辑睦时，而决言其必先亡；当晋范、中行全盛时，而决言其必萃于韩、赵、魏。预言吻合至此，宁复情理？以常识判之，则谓其书成于田氏伐齐、三家分晋、韩灭郑以后，殆不为过。故先辈或以《左传》为战国初期作品，上距孔子卒百年前后，吾颇信之。

右所指摘者，皆非关后人窜乱，实原书固有之瑕类也。浮夸如此，然则其所记述，尚有史的价值否耶？换言之，则吾辈应认此书为信史否耶？平心而论，历史间杂神话，良为古代任何民族之所不能免。《左传》在许多中外古史中，比较的已算简洁；所记之事，经作者剪裁润色，带几分文学的（寓言的）色彩者，固所在而有，然大部分盖本诸当时史官之实录。试将前半部与后半部比较，其文体不同之处，尚可以看出。知其所据原料，多属各时代旧文，故时代精神，能于字里行间到处表现也。要之，《国语》《左传》实二千年前最可宝贵之史料，不容以小疵掩其大醇也。

读《左传》法之一

我国现存史籍，若以近世史的观念读之，固无一能尽如人意，但吾侪试思，西历纪元前四五百年之史部著作，全世界能有几何？《左传》一书，无论其原本为分国纪载或编年纪载，要之不失为一种有系统有别裁的作品，在全人类历史学界为一先进者，故吾侪以世界的眼光观察，已认此书为有精读的必要。若专就本国文献论，则我族文化实至春秋时代始渐成熟，其位置恰如个人之甫达成年，后此历史上各方面文物之演进，其渊源皆溯诸春秋，故吾以为欲断代的研究国史，当以春秋时代为出发点，若侈谈三代以前，则易为神话所乱，失史家严正态度。若仅注重秦、汉以后，则中国国民性之根核，社会组织变迁之脉络等，将皆无从理解。故吾常谓治国史者，以清代史为最要；次则春秋、战国。战国苦无良史（《战国策》文学臭味太浓，非严格的史），而春秋时代幸有一《左传》，吾侪宜如何珍惜而宝习也！

《左传》一书，内容极丰富，极复杂，作史料读之，可谓最有价值而且有趣味。在文献学上任何方面，皆可以于本书中得若干资料以为研究基础；盖此书性质虽属政治史，然对于社会情状，常能为撮影的记述。试以《资治通鉴》比之，当感《通鉴》纯为政治的，而《左传》实兼为社会的也。所以能如此者，固由左氏史识特高，抑亦历史本身使然。其一，春秋时代，各地方皆在较狭的区域内分化发展，政治上乃至文化上并无超越的中心点，故其史体与后来之专以京师政局作主脑者有异。其二，彼时代之社会组织纯为阶级的，一切文化皆贵族阶级之产物；贵族阶级，虽非多数的，然究竟已为复数的，故其史体与后来之专为皇帝一人作起居注者有异。《左传》所叙述之对象——史的实质如此，此其所以在古史中能有其特殊之价值也。

古今治《左传》者多矣。以研究方法论，吾以为莫良于顾栋高之《春秋大事表》。彼书盖先定出若干门类为自己研究范围，然后将全部书拆散，撷取各部分资料以供自己驾驭。《礼记》曰："属辞比事，《春秋》教也。"顾书真能善属而善比者。吾以为凡读史皆当用此法，不独《左传》

也。但吾对于此书稍觉不满者有三端。第一，嫌其体裁专限于表。用表法诚极善，顾书各表，惨淡经营，令人心折者诚极多，但仍有许多资料非用表的形式所能整理者。顾氏以“表”名其书，自不容不以能表者为限。吾侪赓续研治，则须广其意以尽其用也。第二，嫌其所表偏于政治。《左传》本属政治史，多表政治，固所当然，然政治以外之事项，可表者正自不少，是宜有以补之。第三，嫌其多表释经语。“《左氏》不传《春秋》”为吾侪所确信，今对于刘歆引传释经之语，研究其义例，非惟枉费精力，抑亦使《春秋》之旨愈荒也。此三端，吾以为对于顾著宜修正或增益者。但其方法则吾无间然，愿学者循其矩而神而明之也。

马骕《左传事纬》、高士奇《左传记事本末》，皆仿袁枢治《通鉴》之例，以一事之起讫编年，此亦读《左氏》之一法。惟其所分之事，或失诸细碎，而大者反割裂遗漏。学者如能用其法，而以己之律令断制之，所得或较多也。

吾侪今日治《左传》，最好以社会学者的眼光治之，不斤斤于一国一事件之兴亡得失，而多注意于当时全社会共同现象。例如，当时贵族阶级如何受教育法；所受者为何种教育；当时贵族政治之合议组织如何；其政权授受程序如何；当时地方行政状况如何；当时国际交涉之法例如何；当时财产所有权及其承袭与后来之异同奚若；当时婚姻制度与后来之异同奚若；当时人对于自然界灾变作何等观念；当时可称为宗教者有多少种类，其性质何如。……如此之类，随时特拈出所欲研究之问题，通全书以搜索资料；资料略集，乃比次而论断之。所研究积数十题，则一时代之社会遗影，略可睹矣。

吾侪研究史料，往往有须于无文字中求之者。例如：（一）春秋时代是否已行用金属货币？（二）春秋时代是否有井田？（三）春秋时代是否用铁器？（四）春秋时代曾否有不行贵族政治之国家？……诸如此类，留心研索，亦可以拈出若干题。若其可作反证之资料甚缺乏乃至绝无，则否定之断案或遂可成立。此亦治古史之一妙用也。

以上所述，皆史学家应采之通法，无论读何史皆可用之，不独《左传》。但《左传》既为最古之史，且内容甚丰，取材较易，先从彼着手，最可引起趣味也。

读《左传》法之二

《左传》自宋以来，列于五经，形成国民常识之一部，故虽非专门史学家亦当一读。其中嘉言懿行，有益修养及应世之务者不少，宜暗记或钞录之。

《左传》文章优美，其记事文对于极复杂之事项——如五大战役等，纲领提挈得极严谨而分明，情节叙述得极委曲而简洁，可谓极技术之能事；其记言文渊懿美茂，而生气勃勃，后此亦殆未有其比；又其文虽时代甚古，然无佶屈聱牙之病，颇易诵习，故专以学文为目的，《左传》亦应在精读之列也。

诗经

《诗经》之年代

《诗经》为古籍中最纯粹可信之书，绝不发生真伪问题，故但考其年代已足。

《孟子》云："王者之迹熄而《诗》亡。《诗》亡然后《春秋》作。"未述《诗》之起原而惟概指其终局，似论三百篇皆春秋前作品也。今案：各篇年代最古而有征者为《商颂》五篇。《国语》云："正考父校商之名颂十二篇于周大师，以《那》为首。"郑司农云："自考父至孔子，又亡其七篇。"后世说《诗》者或以今《商颂》为考父作，此误读《国语》耳。此五篇乃至十二篇者，殆商代郊祀乐章，春秋时宋国沿用之，故得传于后，犹汉、魏郊祀乐府，至今虽失其调而犹存其文也。其次则《豳风》之《七月》一篇。后世注家谓周公述后稷、公刘之德而作，然羌无实据。玩诗语似应为周人自豳迁岐以前之民间作品；且篇首“七月流火，九月授衣”云云，所用为夏正，故亦可推定为夏时代作品（？）。果尔，则三百篇中此为最古，且现存一切文学作品中亦此为最古矣。其最晚者如《秦风》之“我送舅氏，曰至渭阳”，相传为秦襄公送晋文公之诗；如《陈风》之“胡为乎株林，从夏南”，相传为刺陈灵公昵夏姬之诗。果尔，则为春秋中叶作品。然尽人皆可有舅，不必秦襄，夏南为夏姬虽极近似，亦无以证其必然，故《诗》讫何年，实难论定。惟《鲁颂·閟宫篇》：“周公之孙，庄公之子。”其为鲁僖公时作品更无可疑。则《三百篇》中不乏春秋时作品，盖可推断。然《国风》有《邶》《鄘》《唐》《魏》，皆春秋前旧国，二《雅》有多篇可考定为周厉、宣时事，则假定全书诸篇以西周末东周初——约西纪前九百年至七百年——时人所作为中坚，其间最古之若干篇约距今三千四五百年前，最晚之若干篇约距今二千六七百年前（？），虽不中不甚远矣。

然则何故惟彼时代独有诗——或诗独盛耶？其一，社会文化渐臻成熟之后，始能有优美的文艺作品出现。“周监二代，郁郁乎文。”中国社会脱离僿野状态，实自周始。周初犹属启蒙时代，故可传之作品尚少。至东迁前后，人文益进，名作乃渐多。又，诗本为表情之具，周初社会静谧，冲动情感之资料较少，东迁前后，乱离呻吟，不期而全社会强烈之感情被蒸发焉，此或亦多诗之一因也。其二，问者曰：若尔则春秋中叶以后诗宜更多，曷为反少？此问题复可作两种解答。一，文体本逐时代而变迁，此类之诗，盛行已数百年，或春秋中叶以后，渐为社会所厌倦，不复有名作。二，“輶轩采诗”之制度，传记屡言，吾侪应认为事实的存在。三百篇之辑集成书，殆由于此。此事本为周代美政之一，由王室行之。春秋以降，王室式微，斯典乃废。虽有歌什，莫为撷纂，遂至沦逸。《孟子》所谓“王迹熄而《诗》亡”也。

孔子删诗说不足信

《史记 · 孔子世家》云："古者诗三千余篇，及至孔子，去其重，取可施于礼义，上采契、后稷，中述殷、周之盛，至幽、厉之缺，三百五篇。"此说若确，则今本《诗经》，实为孔子所手选，如徐孝穆之选《玉台新咏》，王介甫之选《唐百家诗》。然汉、唐学者多不信此说。孔颖达云："书传所引之诗，见在者多，亡逸者少，则孔子所录，不容十分去九。迁言未可信也。"谨案：《论语》云"诗三百，一言以蔽之……"又云："诵诗三百，授之以政，不达……"此皆孔子之言，而述诗篇数，辄举三百，可见孔子素所诵习即止此数，而非其所自删明矣。《左传》记吴季札适鲁观乐，事在孔子前，而所歌之风，无出今十五国外者，益可为三百篇非定自孔子之明证。且孔子如删诗也，则以何为标准耶？如后人所谓"贞淫"耶？郑、卫言情之作具在，未尝删也。且如逸诗之见于传记者，如《论语》之"唐棣之华，偏其反而。岂不尔思，室是远而"，如《左传》之"虽有丝麻，无弃菅蒯。虽有姬姜，无弃憔悴"，"思我王度，式如玉式如金，形民之力，而无醉饱之心”，凡此之类，何字何句悖于“礼义”，而孔子乃删之哉！是故以吾侪所信，则孔子决无删诗之事。今三百篇，是否曾经一度有意识的编纂，不可深考。藉曰有之，则编纂者或史官太师之属，不能确指为谁。要之，春秋时士大夫所同讽诵者即此三百余篇。纵有佚亡，亦不过百之一二。此则按诸故实而略可断言者也。

然则孔子之于《诗经》未尝有所致力耶？曰：有之。《论语》述孔子言曰：“吾自卫反鲁，然后乐正，《雅》《颂》各得其所。”《孔子世家》曰：“诗三百篇，孔子皆弦而歌之，以求合韶、武、雅、颂之音。”《庄子》曰：“孔子诵诗三百，歌诗三百，弦诗三百，舞诗三百。”窃意前此之诗不皆能入乐，或入乐而沦紊其谱；孔子最嗜音乐，最通音乐，故反鲁之后，以乐理诏鲁太师，又取三百篇之谱阙者补之，舛者订之，故云乐正而《雅》《颂》得所，故云弦歌以求合韶、武。是故《雅》《颂》之文犹昔也。失所得所，则弦之歌之舞之而始见；孔子正乐即正《诗》也。故乐无经，以《诗》为经。“雅言诗书执礼”而无乐，乐在《诗》中，不可分也。诗乐合体，其或自孔子始也。（看魏源《诗古微》上编之三《夫子正乐论》。）

《诗序》之伪妄

《诗经》之传授，在汉初则有鲁、齐、韩三家立于学官，而古文《毛氏传》晚出。东汉以后，毛独行而三家废。今官书题此书为“毛诗”，而村学究且有呼为“毛经”者，可叹，亦可笑也！《毛传》真伪，久成问题。吾于他书论今古文公案者已屡及之，今不再赘；而其伪中出伪、贻误后学最甚者，尤莫如所谓《诗序》。《诗序》今附《毛传》以行。每篇之首，序说所以作此诗之意，或并及作诗之人。首篇《关雎》之序特长，盖千数百言，总论全书旨趣，谓之《大序》。自余各篇，短者不及十言，较长者数十言，谓之《小序》。夫读《诗》者恒欲知作诗之人与作诗之旨，此人情也。而《诗》三百篇一一求其人与其旨以实之，殆不可能。故孟子贵“以意逆志”，《左传》称“断章取义”。申公之授鲁诗，“无传疑，疑者盖阙不传”。韩婴作《韩诗外传》，刘向作《新序》，皆实行逆志断章之教。西汉以前之说《诗》者，类皆如此。今所谓《诗序》者，乃逐篇一一取其人与其旨凿言之，若有所受焉，此所以为学者所共乐习，二千年奉为鸿宝以迄于兹也。

《诗序》谁所作耶？《后汉书·儒林传》述其来历甚明。《传》云："谢曼卿善《毛诗》，乃为其训。卫宏从曼卿受学，因作《毛诗序》，善得风、雅之旨，于今传于世。"则《序》为宏作，铁案如山，宁复有疑辩之余地！乃隋唐以后之传说则大可异。或云《序》之首句为大毛公作，次句以下为小毛公作；或云《大序》是子夏作，《小序》是子夏、毛公合作（《隋书·经籍志》称《序》为子夏所创，毛公及卫敬仲更加润益）。尤可骇者，宋程颐以《大序》为孔子所作，《小序》为当时国史所作。以《史记》《汉书》从未齿及之《诗序》，范蔚宗时"传于世"共知出卫宏手者，乃展转攀引嫁名及于孔子、子夏，而千余年共认为神圣不可侵犯之宝典，真不可思议之怪象矣！

《诗》非必皆无作者主名，然断不能谓篇篇皆可得作者主名。《诗》非必皆无本事，然断不能谓篇篇皆有本事。以三百篇论，则无主名无本事者其数必远过于有主名有本事者，又至易见也。鲁、齐、韩三家书虽亡，其佚说时时见于他籍，间有述各篇之主名或年代或本事，则其义率较所谓《毛诗序》者为长。（如以《关雎》为康王时诗，以《采薇》为懿王时诗，以《驺虞》为主鸟兽之官，以《宾之初筵》为卫武公饮酒悔过作之类，盖有所受之也。）毛诗家所谓大毛公、小毛公者是否有其人，本已属问题。藉曰有之，然质诸刘歆、班固，亦未言二毛有作序之事，而卫宏生东汉之初，果何所受而能知申公、辕固、韩婴所不知，或另树一说以与为难者？故但考明《诗序》之来历，则其书之无价值本已不待辩。若细按其内容，则捧腹喷饭之资料更不可一二数。例如《郑风》，见有“仲”字则曰祭仲，见有“叔”字则曰共叔段，余则连篇累牍皆曰“刺忽”“刺忽”。郑立国数百年，岂其于仲、段、忽外遂无他人？而诗人讴歌，岂其于美刺仲、段、忽外遂无他情感？凿空武断，可笑一至此极！其余诸篇，大率此类也。故欲治《诗经》者，非先将《毛序》拉杂摧烧之，其蔀障不知所极矣！（看崔述《读风偶识》卷一通论诗序、卷二通论十三国风。）

朱熹《集传》，亦每篇述作诗之旨而颇纠正卫序，较絜净矣，而又别有其凿空武断之途，故学者宜并举而廓清之。

风、颂、雅、南释名

“四诗”之说，见于《孔子世家》。其说是否为后人附益，尚难断定。若古有此说，则甚易解，盖三百篇本以类从，分为四体，曰南、曰风、曰雅、曰颂。自《毛诗序》不得“南”之解，将周、召二《南》侪于《邶》《鄘》以下之诸风名为“十五国风”，于是四诗余其三，而析小、大雅为二以足之，诗体紊矣。今分释其名如下：

一、释南

《诗·鼓钟篇》“以雅以南”。“南”与“雅”对举，雅既为诗之一体，则南亦必为诗之一体甚明。《礼记》文王世子之“胥鼓南”，《左传》之“象箾南籥”，皆指此也。此体诗何以名之为“南”，无从臆断。毛氏于《鼓钟》传云：“南夷之乐曰南。”《周礼》旄人郑注，《公羊》昭二十五年何注皆云："南方之乐曰任。""南""任"同音，当本一字。乃至后此汉、魏乐府所谓"盐"，所谓"艳"者（河鹊盐、归国盐、突厥盐、黄帝盐、疏勒盐、三妇艳），亦即此字所变术，盖未可知。但《毛诗序》必谓《鼓钟》之"南"非二南之"南"，其释二《南》则谓"南，言王化自北而南"，则望文生义，极可笑。此如某帖括家选古诗解《昔昔盐》为食盐矣。窃意"南"为当时一种音乐之名，其节奏盖自为一体，与雅、颂等不同。据《仪礼·乡饮酒礼》《燕礼》，皆于工歌间歌笙奏之后终以合乐，合乐所歌为《周南》之《关雎》《葛覃》《卷耳》，《召南》之《鹊巢》《采蘩》《采蘋》。《论语》亦云："《关雎》之乱，洋洋乎盈耳哉。""乱"者，曲终所奏也。综合此种资料以推测，"南"似为一种合唱的音乐，于乐终时歌之，歌者不限于乐工，故曰"其乱洋洋盈耳"矣。

二、释风

《毛诗序》释"风"字之义，谓："上以风化下，下以风刺上。"亦是望文生义。窃疑风者讽也，为讽诵之讽字之本文。《汉书·艺文志》云："不歌而诵谓之赋。""风"殆只能讽诵而不能歌者，故《仪礼》《礼记》《左传》中所歌之诗，惟风无有。《左传》述宴享时所及之风诗则皆赋也，正所谓不歌而诵也。(《左传》季札观乐篇遍歌各国风，其文可疑，恐是孔子正乐以后之学者所记。详《左传》解题。）后此风能歌与否不可知；若能，恐在孔子正乐后也。

三、释雅

雅者正也，殆周代最通行之乐，公认为正声，故谓之雅。《仪礼·乡饮酒》云："工歌《鹿鸣》《四牡》《皇皇者华》，笙《南陔》《白华》《华黍》，乃间歌《鱼丽》，笙《由庚》，歌《南有嘉鱼》，笙《崇丘》，歌《南山有台》，笙《由仪》……工告于乐正曰：正乐备……"（笙诗六篇有声无辞。晋束皙谓其亡而补之，妄也。窃疑歌与笙同时合作，相依而节，如今西乐所谓"伴奏"。例如歌《鱼丽》时，即笙《由庚》以为伴，《由庚》但有音符之谱而无辞可歌，其音节则与所歌《鱼丽》相应也。《南陔》之与《鹿鸣》，《白华》之与《四牡》，《华黍》之与《皇皇者华》，《崇丘》之与《南有嘉鱼》,《由仪》之与《南山有台》，并同。）凡小雅、大雅之诗皆用此体，故谓之正乐，谓之雅。

四、释颂

后人多以颂美之义释颂，窃疑不然。《汉书·儒林传》云："鲁徐生善为颂。"苏林注云："颂貌威仪。"颜师古注云："颂读与容同。"颂字从页，页即人面，故容貌实颂字之本义也。然则《周颂》《商颂》等诗何故名为颂耶？南、雅皆唯歌，颂则歌而兼舞。《周官》："奏无射，歌夹钟，舞大武。"《礼记》："朱干玉戚冕而舞大武。"《大武》为《周颂》中主要之篇，而其用在舞。舞则舞容最重矣，故取所重名此类诗曰颂。《乐记》云："夫《武》，始而北出，再成而灭商，三成而南，四成而南国是疆，五成而分周公左召公右，六成复缀以崇天子，夹振之而四伐，盛威于中国也。分夹而进，事蚤济也；久立于缀，以待诸侯之至也。"（今本《周颂》惟"于皇武王"一章下句标题为"武"。然据《左传》宣十二年楚庄王云："武王克商，作《武》，其卒章曰'耆定尔功'，其三曰'敷时绎思，我徂维求定'，其六曰‘绥万邦屡丰年’……”今本惟“耆定尔功”在《武》之章。“敷时绎思”云云其章名曰《赉》，“绥万邦”云云其章名曰《桓》，而春秋时人乃并指为《武》之一部，且确数其篇次。可见今本分章非古，而《大武》之诗不止一章矣。）观此则《大武》舞容何若，尚可仿佛想见。三《颂》之诗，皆重舞节，此其所以与雅、南之唯歌者有异，与风之不歌而诵者更异也。（略以后世之体比附之，则风为民谣，南、雅为乐府歌辞，颂则剧本也。）

右“四诗”之分析解释，前人多未道及，吾亦未敢遽自信，姑悬一说以待来者。

读《诗》法之一

诗三百篇，为我国最古而最优美之文学作品。其中颂之一类，盖出专门文学家、音乐家所制，最为典重矞皇。雅之一类，亦似有一部分出专门家之手。南与风则纯粹的平民文学也。前后数百年间各地方各种阶级各种职业之人男女两性之作品皆有，所写情感对于国家社会、对于家庭、对于朋友个人相互交际、对于男女两性间之怨慕……等等，莫不有其代表之作。其表现情感之法，有极缠绵而极蕴藉者，例如：

君子于役，不知其期。曷至哉？鸡栖于埘……君子于役，如之何勿思？

如：

陟彼岵兮，瞻望父兮。父曰："嗟！予子行役，夙夜无已。上慎旃哉，犹来无止。"

如：

习习谷风，以阴以雨。黾勉同心，不宜有怒。采葑采菲，无以下体。德音莫违，及尔同死。

有极委婉而实极决绝者，例如：

泛彼柏舟，在彼中河。髧彼两髦，实维我仪。之死矢靡它，母也天只，不谅人只！

有极沉痛而一发务使尽者，例如：

蓼蓼者莪，匪莪伊蒿。哀哀父母，生我劬劳。

如：

苕之华，其叶青青。知我如此，不如无生。

有于无字句处写其深痛或挚爱者，例如：

彼黍离离，彼稷之苗。行迈靡靡，中心摇摇。知我者谓我心忧，不知我者谓我何求。悠悠苍天，此何人哉！

如：

瞻彼日月，悠悠我思。道之云远，曷云能来。

有其辞繁而不杀，以曲达菀结不可解之情者，例如：《谷风》《载驰》《鸱鸮》《节南山》《正月》《十月之交》《小弁》《桑柔》诸篇。（全文不录。）

有极淡远而一往情深者，例如：

蒹葭苍苍，白露为霜。所谓伊人，在水一方。溯洄从之，道阻且长。溯游从之，宛在水中央。

有极旖旎而含情邈然者，例如：

春日载阳，有鸣仓庚。女执懿筐，遵彼微行，爰求柔桑。春日迟迟，采蘩祁祁，女心伤悲，殆及公子同归。

凡此之类，各极表情文学之能事。（右所举例不过随感忆所及随摭数章，今学者循此以注意耳，非谓表情佳什仅此，亦非谓表情法之种类仅此也。）故治《诗》者宜以全《诗》作文学品读，专从其抒写情感处注意而赏玩之，则《诗》之真价值乃见也。

孔子曰："诗可以兴，可以观，可以群，可以怨。"孔子于文学与人生之关系看出最真切，故能有此言。古者以诗为教育主要之工具，其目的在使一般人养成美感，有玩赏文学的能力，则人格不期而自进于高明。夫名诗仅讽诵涵泳焉，所得已多矣，况孔子举三百篇皆弦而歌之，合文学、音乐为一，以树社会教育之基础，其感化力之大云胡可量！子之武城，闻弦歌之声，子游对以"君子学道则爱人，小人学道则易使"。谓以诗教也，谓美感之能使社会向上也。吾侪学《诗》，亦学孔子之所学而已。

《诗》学之失，自伪《毛序》之言"美刺"始也。伪《序》以美刺释《诗》者什而八九，其中"刺时""刺其君""刺某人"云云者又居彼八九中之八九。夫感慨时政，憎嫉恶社会，虽不失为诗人情感之一，然岂舍此遂更无可抒之情感者？伪《序》乃悉举而纳之于刺，例如《邶风》之《雄雉》，《王风》之《君子于役》，明为夫行役在外而妻念之之作，与时君何与？而一以为刺卫宣公，一以为刺周平王。《邶风》之《谷风》《卫风》之《氓》，明是弃妇自写其哀怨，而一以为刺夫妇失道，一以为刺时。诸如此类，指不胜指。信如彼说，则三百篇之作者乃举如一黄蜂，终日以螫人为事，自身复有性情否耶？三百篇尽成“爰书”，所谓温柔敦厚者何在耶？又如男女相悦之诗什九释为刺淫，彼盖泥于孔子“思无邪”之言，以为“淫则邪，刺之则无邪”也。信如彼说，则搆淫词以为刺，直“劝百讽一”耳，谓之无邪可乎？不知男女爱悦，亦情之正，岂必刺焉而始有合于无邪之旨也。是故自美刺之说行，而三百篇成为“司空城旦书”，其性灵之神圣智没不曜者二千年于兹矣。学者速脱此梏，乃可与语于学《诗》也。

读《诗》法之二

前段所说，专就陶养情感一方面言。但古人学《诗》，尚有第二目的，在应用一方面。孔子曰：“不学诗，无以言。”又曰：“诵诗三百，授之以政，不达，使于四方，不能专对，虽多亦奚以为？”学诗何故能言能专对，授之以政何故能达耶？为政者不外熟察人情，批其窾郤，因而导之。而吾人所以御事应务，其本则在“多识前言往行以畜其德”。古人学《诗》，将以求此也。《左传》襄二十八年云：“赋诗断章，余取所求焉。”断章取所求，即学诗应用方面之法也。是故“缗蛮黄鸟，止于丘隅”，孔子读之则曰：“于止知其所止，可以人而不如鸟乎？”“高山仰止，景行行止。”孔子读之则曰：“诗之好仁如此，乡道而行，中道而废，忘身之老也，不知年数之不足也，俛焉日有孳孳，毙而后已。”司马迁读之则曰：“虽不能至，而心向往之。”“如切如磋，如琢如磨。”子贡读之，悟所以处贫富者。“巧笑倩兮，美目盼兮，素以为绚兮。”子夏读之，明“礼后”之义。孔子并赞叹之曰：“赐也、商也，始可与言诗也已矣。”“彻彼桑土，绸缪牖户。今此下民，或敢侮予。”孟子读之则曰：“能治其国家，谁敢侮之！”“鸤鸠在桑，其子七兮。淑人君子，其仪一兮。”荀子读之则曰：“故君子结于一也。”自余如《左传》所记列国卿大夫之赋诗言志，以及《韩诗外传》《新序》之或述事、或树义，而引诗以证成之。凡此之类，并不必问其诗之本事与其本意。通吾之所感于作者之所感，引而申之，触类而长之，此亦锻炼德性增益才智之一法，古人所恒用，而今后尚可袭用者也。

读《诗》法之三

现存先秦古籍，真赝杂糅，几于无一书无问题。其精金美玉，字字可信可宝者，《诗经》其首也。故其书于文学价值外尚有一重要价值焉，曰可以为古代史料或史料尺度。

所谓可以为史料者，非谓如伪《毛序》之比附《左传》《史记》，强派某篇为某王某公之事云也。《诗经》关系政治者本甚希，即偶有一二属于当时宫廷事实者（如卫武公饮酒悔过、许穆夫人赋《载驰》之类），亦不甚足重轻，可置勿论。（《诗经》中关于具体的政治史料反不可尽信。盖文人之言华而不实者多也，如《鲁颂·閟宫》有“庄公之子”语，明为颂僖公无疑，而篇中又云“戎狄是膺，荆舒是惩”。僖公何从有此丰功伟烈耶？）虽然，历史决不限于政治，其最主要者在能现出全社会心的物的两方面之遗影。而高尚的文学作品，往往最能应给此种要求。《左传》季札观乐一篇对于十五国风之批评，即从社会心理方面研究《诗经》也（其果否为季札所批评且勿论）。吾侪若能应用此方法而扩大之，则对于“诗的时代”——纪前九〇〇至六〇〇之中华民族之社会组织的基础及其人生观之根核，可以得较明确的概念；而各地方民性之异同及其次第醇化之迹，亦可以略见。其在物质方面，则当时动植物之分布，城郭宫室之建筑，农器、兵器、礼器、用器之制造，衣服、饮食之进步……凡此种种状况，试分类爬梳，所得者至复不少。故以史料读《诗经》几乎无一字无用也。

所谓史料之尺度者，古代史神话与赝迹太多，吾侪欲严密鉴别，不能不择一两部较可信之书以为准据，以衡量他书所言以下真伪之判决，所谓正日月者视北辰也。若是者，吾名之曰史料之尺度。例如研究孔子史迹当以《论语》为尺度是也。有诗时代及有诗以前之时代，正式之史未出现（《诗》亡然后《春秋》作），而传记、谶纬所记古事多糅杂不可究诘。《诗经》既未经后人窜乱，全部字字可信，其文虽非为记事而作，而偶有所记，吾辈良可据为准鹄。例如，“天命玄鸟，降而生商。”“厥初生民，时维姜嫄”乃商、周人述其先德之诗，而所言如此，则稷、契为帝喾子之说，当然成问题。例如：“帝作邦作对，自太伯王季。”明是周人历述其创业之主，则泰伯有无逃荆蛮之事，亦成问题（恐周人自文、武以前亦如殷制兄终弟及）。例如，各篇中屡言夏禹，如“禹敷下土方”“缵禹之绪”等，而尧、舜无一字道及，则尧、舜为何等人亦可成问题。诸如此类，若以史家极谨严的态度临之，宁阙疑勿武断，则以《诗经》为尺度，尚可得较絜净之史也。

说《诗》注《诗》之书

《诗》居六艺之首，自汉以来，传习极盛，解说者无虑千百家。即今现存之笺释等类书亦无虑千百种，略读之已使人头白矣，故吾劝学者以少读为妙。若必欲参考，则姑举以下各书：

西汉今文诗说有鲁、齐、韩三家，其传皆亡，仅余一

《韩诗外传》为韩诗之别子。刘向之《新序》及《说苑》，说《诗》语极多。向固治鲁诗也，欲知西汉诗说之大概，此三书宜读。

清陈乔枞有《三家诗遗说考》，搜采三家说略备，可参考。

现行《十三经注疏》本《诗经》，为毛传、郑康成笺、孔颖达疏，所谓古文家言也。毛序之万不可信，吾已极言之。惟毛传于训诂颇简絜，可读也。郑笺什九申毛，时亦纠之，穿凿附会者不少，宜分别观。孔疏颇博洽而断制少。清儒新疏，有陈奂《诗毛氏传疏》最精审，专宗毛，虽郑亦不苟同也。次则马瑞辰《毛诗传笺通释》，胡承珙《毛诗后笺》亦好。而王引之《经义述闻》《经传释词》中关于毛诗各条皆极好。学者读此类书，宜专取其关于训诂名物方面观之，其关于礼制者已当慎择，关于说《诗》意者切勿为其所囿。

宋儒注释书，朱熹《诗经集传》颇絜净，其教人脱离传笺直玩诗旨，颇可学，但亦多武断处。其对于训诂名物，远不逮清儒之精审。

通论《诗》旨之书，清魏源《诗古微》、崔述《读风偶识》，极有理解，可读。姚际恒《九经通论》中《诗经》之部当甚好，但我尚未见其书。

吾关于整理《诗经》之意见有二。其一，训诂名物之部，清儒笺释，已什得八九，汇观参订，择善以从，泐成一极简明之新注，则读者于文义可以无阂。其二，诗旨之部，从《左传》所记当时士大夫之“赋诗断章”起，次《论语》《孟子》《礼记》及周秦诸子引《诗》所取义，下至《韩诗外传》《新序》《说苑》及《两汉书》各传中之引《诗》语止，博采其说分系本诗之下，以考见古人“以意逆志”“告往知来”之法，俾诗学可以适用于人生。兹事为之并不难，惜吾有志焉而未之逮也。

楚辞

《楚辞》之编纂及其篇目

《汉书·艺文志》无《楚辞》，惟载："屈原赋二十五篇。"及王逸为《楚辞章句》，其《离骚篇》后序云："屈原……依诗人之义而作《离骚》……复作《九歌》以下凡二十五篇。楚人高其行义，玮其文采，以相教传……后世雄俊，莫不瞻慕，舒肆妙虑，缵述其词。逮至刘向典校经书，分为十六卷……今臣复以所记所知稽之旧章，作十六卷章句……"据此，则《楚辞》似是刘向所编定。然今本第十六卷即刘向所作《九叹》，复有第十七卷为王逸所作

《九思》，殆两人各以己作附骥耶？其各篇次第，今本与陆德明《经典释文》本亦有异同。今录其篇名、篇数、篇次及相传作者人名为表如下：

篇名	篇数	今本篇次	释文篇次	旧题作者名
离骚	一篇	第一	第一	屈原
九歌	十一篇	第二	第三	屈原
天问	一篇	第三	第四	屈原
九章	九篇	第四	第五	屈原
远游	一篇	第五	第六	屈原
卜居	一篇	第六	第七	屈原
渔父	一篇	第七	第八	屈原
九辩	十一篇	第八	第二	宋玉
招魂	一篇	第九	第十	宋玉
大招	一篇	第十	第十六	屈原或景差
惜誓	一篇	第十一	第十五	贾谊
招隐士	一篇	第十二	第九	淮南小山
七谏	七篇	第十三	第十二	东方朔
哀时命	一篇	第十四	第十四	严忌
九怀	九篇	第十五	第十一	王褒
九叹	九篇	第十六	第十三	刘向
九思	九篇	第十七	第十七	王逸

《九歌》：东皇太一、云中君、湘君、湘夫人、大司命、少司命、东君、河伯、山鬼、国殇、礼魂。

《九章》：惜诵、涉江、哀郢、抽思、怀沙、思美人、惜往日、橘颂、悲回风。

《七谏》《九怀》《九叹》《九思》：各篇子目不录。

右各篇自《惜誓》以下，皆汉人所作。朱熹《楚辞辩证》云：

“《七谏》《九怀》《九思》《九叹》虽为骚体，然其词气平缓，意不深切，如无所疾痛而强为呻吟者。就其中《谏》《叹》犹或粗有可观，两王则卑已甚矣，故虽幸附书尾而人莫之读。”故熹所作《楚辞集注》，将彼四家之三十四篇删去，而补以贾生之《吊屈文》及《鹏鸟赋》，其目如下：

卷一　离骚经第一

卷二　离骚九歌第二

卷三　离骚天问第三

卷四　离骚九章第四

卷五　离骚远游第五　离骚卜居第六　离骚渔父第七

原注云：“以上离骚凡七题二十五篇，皆屈原作。今定为五卷。”

卷六　续离骚九辩第八　宋玉

卷七　续离骚招魂第九　宋玉　续离骚大招第十　景差

卷八　续离骚惜誓第十一　贾谊　续离骚吊屈原第十二　贾谊

续离骚鹏鸟赋第十三　贾谊　续离骚哀时命第十四　庄忌

洪兴祖《补注》本自《渔父》以上皆于篇名下各缀以“离骚”二字，而《离骚》篇题为“离骚经”，《九辩》以下则每篇篇名下缀以“楚辞”二字。朱熹因之而略加修正，故自《离骚》至《渔父》每篇皆冠以“离骚”二字，《九辩》以下则冠以“续离骚”三字。

今本篇次与《释文》本有异同。洪兴祖云：“《九章》第四，《九辩》第八。而王逸《九章》注云：‘皆解于《九辩》中。’知《释文》篇第，盖旧本也，后人始以作者次叙之耳。”朱熹云：“今按天圣十年陈说之序，以为：‘旧本篇第混并，首尾差互，如考其人之先后重定其篇。’然则今本说之所定也欤？”启超按：洪、朱所论甚当。欲知刘向、王逸原本，宜遵《释文》，今本非也。

右所举篇数、篇次等，虽甚琐末，然实为考证屈原作品之基本资料，故不惮详述之。

屈原赋二十五篇

《楚辞》中汉人作品，向不为人所重视，更无考证之必要。吾侪研究《楚辞》，实际上不过研究屈原而已。吾侪所亟欲知者，《汉书·艺文志》称“屈原赋二十五篇”，究竟今《楚辞》中某二十五篇为屈原所作耶？此问题颇复杂。旧说通以《离骚》一篇，《九歌》十一篇，《天问》一篇，《九章》九篇，《远游》《卜居》《渔父》各一篇，以当二十五篇之数。其《九辩》《招魂》则归诸宋玉。《大招》是否在二十五篇中，则存疑焉。吾窃疑非是。据所臆测，则刘向所集之二十五篇篇名当如左：

离骚一篇。

九辩一篇。

九歌十篇。

卜居一篇。

渔父一篇。

天问一篇。

招魂一篇。

远游一篇。

惜诵、涉江、哀郢、抽思、思美人、橘颂、悲回风、怀沙，各一篇。

右八篇今本更入以《惜往日》一篇，合题为《九章》。

吾此说颇奇特，今须加以说明者，一为《大招》是否屈原作之问题；二为《招魂》是否宋玉作之问题；三为《九辩》作者问题；四为《九歌》篇数问题；五为《九章》是否旧名及其中各篇有无伪品问题。今一一钩稽疏证如下：

一，王逸《大招章句》云："《大招》，屈原之所作也。或曰景差，疑不能明也。"今按《大招》明为摹仿《招魂》之作，其辞靡弱不足观。篇中有"小腰秀颈若鲜卑只"语，鲜卑为东胡余种，经冒顿摧灭，别保鲜卑山因而得号者，其以此名通于中国，盖在东汉，非惟屈原不及知，即景差亦不及知。此篇决为汉人作无疑。故《释文》本列诸第十六，在全书之最末，则刘向编集时殆亦不认为先秦作品矣。故语屈原赋当先将此篇剔出。

二，《招魂》，今本目录注指为宋玉作，《文选》亦同。然《史记·屈原列传》赞云："余读《离骚》《天问》《招魂》《哀郢》，悲其志。”然则司马迁明认《招魂》为屈原作。此篇对于厌世主义与现世快乐主义两方皆极力描写而两皆拨弃，实全部《楚辞》中最酣肆最深刻之作。后人因篇名《招魂》，且中有“魂魄离散汝筮予之”语，遂谓必屈原死后后人悼吊之作，因嫁名宋玉，所谓痴人前说不得梦也，谓宜从《史记》以本篇还诸屈原。

三，《九辩》向未有以加诸二十五篇中者。虽然，有一事颇难索解。《释文》本何故以此篇置诸第二——在《离骚》之后《九歌》之前？王逸释“九”字之义亦详见本篇下，而《九歌》《九章》略焉，则此为王本原次甚明。夫第一篇及第三以下之二十余篇皆屈原作。而中间忽以非屈原作之一篇置第二，甚可异也。且全部《楚辞》除汉人诸作外，向来拟议为宋玉、景差等所作者只有《九辩》《招魂》《小招》三篇，《大招》决属汉拟，《招魂》决为屈作，如前文所辩证，殆成信谳，仅余此《九辩》一篇。(《九辩》原只一篇，故无子目。王逸本厘为十一篇；朱熹本厘为九篇，皆以意割裂耳。）以宋辞而虱屈集，益大可异也；且“启《九辩》与《九歌》”，语见《离骚》。或辩、歌同属古代韵文名称，屈并用之。故吾窃疑《九辩》实刘向所编屈赋中之一篇，虽无确证，不失为有讨论价值之一问题也。

四，《九歌》十一篇，明载子目，更无问题。惟末篇《礼魂》仅有五句，（“盛礼兮会鼓，传芭兮代舞，姱女倡兮容与。春兰兮秋菊，长无绝兮终古。”）似不能独立成篇。窃疑此为前十篇之“乱辞”，每篇歌毕，皆殿以此五句。果尔，则《九歌》仅有十篇耳。

五，今本《九章》凡九篇，有子目。惟其中《惜往日》一篇，文气拖沓靡弱，与他篇绝不类，疑属汉人拟作，或吊屈原之作耳。“九章”之名，似亦非旧。《哀郢》，《九章》之一也，史公以之与《离骚》《天问》《招魂》并举，认为独立的一篇。《怀沙》亦《九章》之一也，本传全录其文，称为“怀沙之赋”。是史公未尝谓此两篇为《九章》之一部分也。窃疑“九章”之名，全因摹袭《九辩》《九歌》而起。或编集者见《惜诵》至《悲回风》等散篇，体格大类相类，遂仿《辩》《歌》例赋予以一总名；又见只有八篇，遂以晚出之《惜往日》足之为九。殊不知《辩》《歌》之“九”字，皆别有取义，非指篇数。观《辩》《歌》之篇皆非九，可知也。褒之《九怀》，向之《九叹》，逸之《九思》，篇皆取盈九数，适见其陋耳。故吾疑《九章》名非古。藉曰古有之，则篇数亦不嫌仅八，而《惜往日》一篇，必当在料拣之列也。

若吾所臆测不甚谬，则将旧说所谓二十五篇者删去《惜往日》，以《礼魂》分隶《东皇太一》等十篇之末，不别为篇，而补入《九辩》《招魂》，恰符二十五之数。此二十五篇是否皆屈原作品，抑有战国末年无名氏之作而后人概归诸屈原，虽尚有研究之余地（近人胡适有此说），然而刘向、班固所谓二十五篇之屈原赋，殆即指此无可疑者。

屈原之行历及性格

《史记》有《屈原列传》，载原事迹颇详，举其大概则：

一，原为楚同姓贵族。

二，原事楚怀王，官左徒，曾大被信任。

三，原为同列上官大夫所排，遂被疏放。然犹尝任齐使。

四，怀王十六年（西纪前三一三），秦张仪谲诈怀王绝齐交，破合纵之局。原请杀张仪。

五，怀王三十年（前二九九），秦昭王诱怀王会武关，原谏不听。王遂被胁留，客死于秦。

六，顷襄王立（前二九八），原为令尹子兰所谮，王怒而迁放之。原遂自沉。

关于屈原身世之唯一的资料，只有此传，后此言原事者皆本之。故汉王逸谓："原在怀王时被谗见疏作《离骚》……顷襄王迁原于江南，原复作《九歌》《天问》《远游》《九章》《卜居》《渔父》等篇。"宋洪兴祖谓："原被放在怀王十六年。至十八年复召用之，顷襄王立，复放。"

惟清王懋竑不信《史记》，谓原决无再召再放事，谓原决不及见顷襄王。其言曰："《卜居》言'既放三年，不得复见'，《哀郢》言'九年而不复'，'壹反之无时'，则初无召用再放之事。"（《白田草堂存稿》卷三《书<楚辞>后》，下同。）又云："谏怀王入秦者，据《楚世家》乃昭睢，非屈原也。夫原谏王不听而卒被留，以致客死，此忠臣之至痛，而原诸篇乃无一语以及之。至《惜往日》《悲回风》临绝之音，愤懑伉激，略无所讳，而亦只反复于隐蔽障壅之害、孤臣放子之冤。其于国家，则但言其委衔勒，弃舟檝，将卒于乱亡，而不云祸殃之已至是也。是诱会被留，乃原所不及见，而顷襄王之立，则原之自沉久矣。”懋竑所辩尚多，皆从原作品本身立反证，极有价值。又传中令尹子兰等事，亦不足信。朱熹云：“《楚辞》以香草比君子，然以世乱俗衰，人多变节，遂深责椒、兰之不可恃，而揭车江离，亦以次书罪，初非以为实有是人而以椒、兰为名字者也。而史迁作《屈原传》乃有令尹子兰之说，班氏《古今人表》又有令尹子椒之名……王逸因之又讹以为司马子兰、大夫子椒……流误千载，无一人觉其非，甚可叹也。使其果然，则又当有子车、子离、子椴之俦，盖不知其几人矣。”（《楚辞辩证》卷上。）

右所论难，皆可谓读书得间。要之，《史记》所载古代史迹，本多采自传闻，鉴别非甚精审，况后人窜乱亦多；即以《屈原列传》论，篇中自相矛盾处且不少（王懋竑列举之），故吾侪良不宜轻信，更不宜牵合附会以曲为之说。大概屈原为楚贵族，生卒于西纪前四世纪之下半纪。曾一度与闻国政，未几被黜放，放后逾九年乃自杀。其足迹在今湖北、湖南两省，亦或尝至江西。此为屈原之基本的史迹，过此以往，阙疑可也。

司马光谓屈原“过于中庸，不可以训”，故所作《通鉴》，削原事不载。屈原性格诚为极端的，而与中国人好中庸之国民性最相反也，而其所以能成为千古独步之大文学家，亦即以此。彼以一身同时含有矛盾两极之思想：彼对于现社会，极端的恋爱，又极端的厌恶；彼有冰冷的头脑，能剖析哲理，又有滚热的感情，终日自煎自焚；彼绝不肯同化于恶社会，其力又不能化社会。故终其身与恶社会斗，最后力竭而自杀。彼两种矛盾性日日交战一于胸中，结果所产烦闷至于为自身所不能担荷而自杀。彼之自杀实其个性最猛烈最纯洁之全部表现；非有此奇特之个性不能产此文学，亦惟以最后一死能使其人格与文学永不死也。吾尝有《屈原研究》一篇（见《学术讲演集》第三辑），关于此点，论列颇详尽，可参看。（彼文关于屈原史迹及作品之考证与斯篇稍有异同。）

《楚辞》注释书及其读法

《楚辞》多古字古言，非注释或不能悉解。汉武帝时，淮南王安已作《离骚章句》。东汉则班固、贾逵皆续有所释，然亦只限于《离骚》。及王逸乃为《楚辞章句》十六卷，遍释诸篇。宋则有洪兴祖为之《补注》，而朱熹别加删订为《楚辞集注》。今三本并存，其余释者尚多，不具举。（清戴震有《楚辞笺》，不审尚存否？若存必当有可观。）

王逸年辈在郑玄、高诱、韦昭前，所释训诂名物多近正，最可贵。其释篇中之义则以为："《离骚》之文，依《诗》取兴，引类譬谕，故善鸟、香草以配忠贞，恶禽、臭物以比谗佞，灵修、美人以媲于君，宓妃、佚女以譬贤臣，虬龙、鸾凤以托君子，飘风、云霓以为小人……"此在各篇中固偶有如此托兴者（《离骚》篇或更多），若每篇每段每句皆胶例而凿求之，则偾甚矣。人之情感万端，岂有舍"忠君爱国"外即无所用其情者？若全书如王注所解，则屈原成为一虚伪者或钝根者，而二十五篇悉变为方头巾家之政论，更何文学价值之足言！故王注虽有功本书，然关于此点，所失实非细也。后世作者往往不为文学而从事文学，而恒谬托高义于文学以外，皆由误读《楚辞》启之，而注家实不能不任其咎。

朱注对于此等曲说颇有芟汰，较为洁净。（《楚辞辩证》对于《九歌》诸篇所论云："《东皇太一》旧说以为'原意谓人尽心以事神，则神惠以福。今竭忠以事君，而君不见信。故为此以自伤'。《补注》又谓：'此言人臣陈德义礼乐以事上，则上无忧患。'《云中君》旧说以为：'事神已讫，复念怀王不明而太息忧劳。'《补注》又谓：'以云神喻君德，而怀王不能，故心以为忧。'皆外增赘说以害全篇之大旨，曲生碎义以乱本文之正意。"又云："《湘君》一篇，情意曲折，最为详尽。而为说者之谬为尤多，以致全然不见其语意之脉络次第，至其卒章犹以'遗玦捐袂'为求贤，而'采杜若'为好贤之无已，皆无复有文理也。"又云："佳人召予正指湘夫人而言，而五臣谓'若有君命则亦将然'。《补注》以佳人为'贤人同志者'，如此则此篇何以名为《湘夫人》乎？"读此可知旧注之穿凿可笑，而朱氏之特识为不可及也。）惜仍有所拘牵，芟涤未尽耳。（例如

《九歌总序》下注云："此卷诸篇皆以事神不答而不能忘其敬爱。比事君不合而不能忘其忠赤。"虽稍直捷，然终未能脱旧注桎梏。何如直云《九歌》皆祀神乐章，而屈原自抒其想象力及情感耶？）故吾以为治《楚辞》者，对于诸家之注，但取其名物训诂而足，其敷陈作者之旨者，宜悉屏勿观也。

我国最古之文学作品，三百篇外，即数《楚辞》。三百篇为中原遗声，《楚辞》则南方新兴民族所创之新体。三百篇虽亦有激越语，而大端皆主于温柔敦厚；《楚辞》虽亦有含蓄语，而大端在将情感尽情发泄。三百篇为极质正的现实文学，楚辞则富于想象力之纯文学。此其大较也。其技术之应用亦不同道，而《楚辞》表情极回荡之致，体物尽描写之妙，则亦一进步也。吾以为凡为中国人者，须获有欣赏《楚辞》之能力，乃为不虚生此国。吾愿学者循吾说而广之，讽诵餍饫之既久，必能相说以解也。

礼记　大戴礼记

附《尔雅》

《礼记》之名称及篇目存佚

《礼记》者，七十子后学者所记，而战国、秦、汉间儒家言之一丛书，西汉中叶儒者戴德、戴圣所纂集传授也。今存者有东汉郑康成所注四十九篇，名曰《礼记》，实《小戴记》；有北周卢辩所注三十九篇，名曰《大戴礼记》。《大戴礼记》本八十五篇，佚其四十六，存者仅此而已。

两记之名，盖自东汉后始立。《汉书·艺文志·礼家》依《七略》著录，但云："《记》百三十一篇。"班固注云："七十子后学者所记。"至《隋书·经籍志》则云："汉初河间献王得仲尼弟子所记一百三十一篇。至刘向校经籍，检得一百三十篇，因第而叙之。又得《明堂阴阳记》……等五种，共二百十四篇。戴德删其繁重，合而记之，为八十五篇，谓之《大戴礼》。戴圣又删《大戴》之书为四十六篇，谓之《小戴记》。”（案：此说本诸晋司空长史陈邵。《经典释文序录》引邵《周礼论序》云：“戴德删古礼二百四篇为八十五篇，谓之《大戴礼》。圣删《大戴礼》为四十九篇，是为《小戴礼》。”《隋志》与邵异者，古礼二百四篇作二百十四篇，《小戴记》四十九篇作四十六篇。）两记之传授分合，问题颇复杂。今先列其目，再加考证。

（一）今本《礼记》目录

孔颖达《礼记正义》于每篇之下皆有“案郑目录云……”一段，盖郑康成所撰各篇之解题也。郑录每篇皆有“此于《别录》属某某”一语，是刘向本有分类而郑引之也。今节录彼文如下：

曲礼上下第一第二　郑目录云：“名曰曲礼者，以其篇记五礼之事……此于《别录》属制度。”

檀弓上下第三第四　郑目录云：“名曰檀弓者，以其记人善于礼，故著姓名以显之……此于《别录》属通论。”

王制第五　郑目录云：“名曰王制者，以其记先王班爵、授禄、祭祀、养老之法度。此于《别录》属制度。”

月令第六　郑目录云：“名曰月令者，以其记十二月政之所行也。本《吕氏春秋·十二月纪》之首章也，以礼家好事钞合之……此于《别录》属明堂。”

曾子问第七　郑目录云：“名为曾子问者，以其记所问多明于礼，故著姓名以显之……此于《别录》属丧服。”

文王世子第八　郑目录云：“记文王为世子时之法。此于《别录》属世子法。”

礼运第九　郑目录云：“名为礼运者，以其记五帝三王相变易、阴阳转旋之道。此于《别录》属通论。”

礼器第十　郑目录云：“名为礼器者，以其记礼使人成器之义也。此于《别录》属制度。”

郊特牲第十一　郑目录云：“……此于《别录》属祭礼。”

内则第十二　郑目录云：“名曰内则者，以其记男女居室事父母舅姑之法。此于《别录》属子法。”

玉藻第十三　郑目录云：“名曰玉藻者，以其记天子服冕之事也……此于《别录》属通论。"

明堂位第十四　郑目录云："名曰明堂位者，以其记诸侯朝周公于明堂之时所陈列之位也……此于《别录》属明堂阴阳。"

丧服小记第十五　郑目录云："名曰丧服小记者，以其记丧服之小义也。此于《别录》属丧服。"

大传第十六　郑目录云："名曰大传者，以其记祖宗人亲之大义。此于《别录》属通论。"

少仪第十七　郑目录云："名曰少仪者，以其记相见及荐羞之少威仪也。少，犹小也。此于《别录》属制度。"

学记第十八　郑目录云："名曰学记者，以其记人学教之义。此于《别录》属通论。"

乐记第十九　郑目录云："名曰乐记者，以其记乐之义。此于《别录》属乐记。"

杂记上下第二十第二十一　郑目录云："名曰杂记者，以其杂记诸侯以下至士之丧事。此于《别录》属丧服。"

丧大记第二十二　郑目录云："名曰丧大记者，以其记人君以下始死小敛大敛殡葬之事。此于《别录》属丧服。"

丧服大记第二十三　原阙。

祭义第二十四　郑目录云："名曰祭义者，以其记祭礼、斋戒、荐羞之义也。此于《别录》属祭祀。"

祭统第二十五　郑目录云："名曰祭统者，以其记祭祀之本也；统，犹本也。此于《别录》属祭祀。"

经解第二十六　郑目录云："名曰经解者，以其记六义政教之得失也。此于《别录》属通论。"

哀公问第二十七　郑目录云："名曰哀公问者，善其问礼，著谥显之也。此于《别录》属通论。"

仲尼燕居第二十八　郑目录云："名曰仲尼燕居者，善其不倦燕居，犹使三子侍之，言及礼。著其字，言事可法；退朝而处曰燕居。此于《别录》属通论。"

孔子闲居第二十九　郑目录云："名曰孔子闲居者，善其无倦而不亵，犹使一弟子侍，为之说诗。著其氏，言可法也；退燕避人曰闲居。此于《别录》属通论。"

坊记第三十　郑目录云："名曰坊记者，以其记六艺之义，所以坊人之失者也。此于《别录》属通论。"

中庸第三十一　郑目录云："名曰中庸者，以其记中和之为用也……此于《别录》属通论。”

表记第三十二　郑目录云：“名曰表记者，以其记君子之德见于仪表。此于《别录》属通论。”

缁衣第三十三　郑目录云：“名曰缁衣者，善其好贤者厚也……此于《别录》属通论。”

奔丧第三十四　郑目录云：“名曰奔丧者，以其居他国闻丧奔归之礼。此于《别录》属丧服之礼矣。”

问丧第三十五　郑目录云：“名曰问丧者，以其善问居丧之礼所由也。此于《别录》属丧服也。”

服问第三十六　郑目录云：“名曰服问者，以其善问以知有服而遭丧所变 易之节。此于《别录》属丧服也。”

间传第三十七　郑目录云：“名曰间传者，以其记丧服之间轻重所宜。此 于《别录》属丧服……”

三年问第三十八　郑目录云：“名曰三年问者，善其问以知丧服年月所 由。此于《别录》属丧服。”

深衣第三十九　郑目录云：“名曰深衣者，以其记深衣之制也……此于《别录》属制度。”

投壶第四十　郑目录云：“名曰投壶者，以其记主人与客燕饮讲论才艺之礼。此于《别录》属吉礼。”

儒行第四十一　郑目录云："名曰儒行者，以其记有道德者所行也……此于《别录》属通论。”

大学第四十二　郑目录云："名曰大学者，以其记博学可以为政也…此于《别录》属通论。”

冠义第四十三　郑目录云："名曰冠义者，以其记冠礼成人之义。此于《别录》属吉事。”

昏义第四十四　郑目录云："名曰昏义者，以其记娶妻之义内教之所由成也。此于《别录》属吉事也。”

乡饮酒义第四十五　郑目录云："名曰乡饮酒义者，以其记乡大夫饮宾于庠序之礼，尊贤养老之义。此于《别录》属吉事。”

射义第四十六　郑目录云："名曰射义者，以其记燕射大射之礼，观德行取于士之义。此于《别录》属吉事。”

燕义第四十七　郑目录云："名曰燕义者，以其记君臣燕饮之礼，上下相尊之义。此于《别录》属吉事。”

聘义第四十八　郑目录云："名曰聘义者，以其记诸侯之国交相聘问之礼，重礼轻财之义也。此于《别录》属吉事。”

丧服四制第四十九　郑目录云：“名曰丧服四制者，以其记丧服之制取于仁义礼知也。此于《别录》旧说属丧服。”

案：据此知刘向所编定之《礼记》实分类为次。其类之可考见者，一通论，二制度，三丧服，四吉礼或吉事，五祭祀，六子法或世子法，七乐记，八明堂或明堂阴阳。

（二）今本《大戴礼记》目录

据《隋志》，《大戴礼记》八十五篇。今本自第三十八篇以上全佚，其下间佚，所存篇目如下：

王言第三十九（以上三十八篇佚。）

哀公问五仪第四十

哀公问于孔子第四十一

礼三本第四十二（以上今本卷一，此下佚三篇。）

礼察第四十六

夏小正第四十七（以上今本卷二。）

保傅第四十八（今本卷三。）

曾子立事第四十九

曾子本孝第五十

曾子立孝第五十一

曾子大孝第五十二

曾子事父母第五十三（以上今本卷四。）

曾子制言上中下第五十四至五十六

曾子疾病第五十七

曾子天圆第五十八（以上今本卷五。）

武王践阼第五十九

卫将军文子第六十（以上今本卷六。此下佚一篇。）

五帝德第六十二

帝系第六十三

劝学第六十四（以上今本卷七。）

子张问入官第六十五

盛德第六十六（以上今本卷八。）

千乘第六十七

四代第六十八

虞戴德第六十九

诰志第七十（以上今本卷九。）

文王官人第七十一

诸侯迁庙第七十二

诸侯衅庙第七十三（以上今本卷十。）

小辨第七十四

用兵第七十五

少间第七十六（以上今本卷十一。）

朝事第七十七

投壶第七十八（以上今本卷十二。）

公冠第七十九

本命第八十

易本命第八十一（以上今本卷十三。此下佚四篇。）

《隋志》言《大戴》八十五篇，佚其四十七篇，存三十八篇。然今本实有三十九篇。《四库提要》云："盖《夏小正》一篇多别行。隋、唐间录大戴者或阙其篇……存者宜为三十九篇。"《中兴书目》谓存四十篇者，《夏小正》外又加《明堂》第六十七之一篇，实则此篇在《盛德篇》内，后人补写重出耳。其佚篇篇名可考者，则有《谥法篇》《王度记》《三正记》《别名记》《亲属记》《五帝记》（俱《白虎通》引），有《禘于太庙礼》（《少牢馈食礼》注引），有《王霸记》（《周礼注》引），有《佋穆篇》（《明堂月令论》引），有《号谥篇》（《风俗通》引），有《瑞命篇》（《论衡》引）。其与《小戴》重出者，除《投壶》《哀公问》两篇现存外，尚有《曲礼》（《汉书·王式传》引）、《礼器》（《五经异义》引）、《文王世子》（《毛诗豳谱正义》引）、《祭义》（《汉书·韦元成传》及《白虎通·耕桑篇》引）、《曾子问》（《白虎通·耕桑篇》引）、《闲传》（《白虎通·性情篇》引）、《檀弓》（《白虎通·崩薨篇》及《明堂月令论》引）、《王制》（《白虎通·崩薨篇》引），凡此或明引《大戴》，或仅引篇名，而所引文为今《小戴》本所无，宜推定为出《大戴》者。据此则所佚篇名，亦可得三之一矣。

《礼记》内容之分析

《礼记》为儒家者流一大丛书，内容所函颇复杂。今略析其重要之类别如下：

（甲）记述某项礼节条文之专篇。如《诸侯迁庙》《诸侯衅庙》《投壶》《奔丧》《公冠》等篇，《四库提要》谓“皆《礼古经》遗文”。虽无他证，要之当为春秋以前礼制书之断片。其性质略如《开元礼》《大清通礼》等之一篇。又如《内则》《少仪》《曲礼》等篇之一部分，亦记礼节条文，其性质略如《文公家礼》之一节。

（乙）记述某项政令之专篇。如《夏小正》《月令》等，其性质略如《大清会典》之一部分。

（丙）解释礼经之专篇。如《冠义》《昏义》《乡饮酒义》《射义》《燕义》《聘义》《丧服四制》等，实《仪礼》十七篇之传注。

（丁）专记孔子言论。如《表记》《缁衣》《仲尼燕居》《孔子闲居》等，其性质略如《论语》。又如《哀公问》及《孔子三朝记》之七篇——《千乘》《四代》《虞戴德》《诰志》《小辨》《用兵》《少间》——皆先秦儒家所传孔子传记之一部。其专记七十子言论如《曾子问》《子张问入官》《卫将军文子》等篇，亦此类之附属。

（戊）记孔门及时人杂事。如《檀弓》及《杂事》之一部分，其性质略如《韩非子》之《内外储说》。

（己）制度之杂记载。如《王制》《玉藻》《明堂位》等。

（庚）制度礼节之专门的考证及杂考证。如《礼器》《郊特牲》《祭法》《祭统》《大传》《丧服记》《奔丧》《问丧》《间传》等。

（辛）通论礼意或学术。如《礼运》《礼祭》《经解》《礼三本》《祭义》《三年问》《乐记》《学记》《大学》《中庸》《劝学》《本命》《易本命》等。

（壬）杂记格言。如《曲礼》《少仪》《劝学》《儒行》等。

（癸）某项掌故之专记。如《五帝德》《帝系》《文王世子》《武王践阼》等。

《礼记》之原料及其时代

此一大丛书，当然非成于一人之手。《汉志》谓："七十子后学者所记。"七十子以后之学者，其范围可直至戴德、戴圣、刘向也。其中有录自官书者，如《诸侯迁庙》《衅庙》等篇，虽未必《礼古经》遗文，要之当为某官守之掌籍也。如《文王官人》篇，与《逸周书》文略同，盖采自彼或与彼同采自某官书也。如《月令》与《吕览》《淮南》文同，必三书同采一古籍也。有从诸子书中录出者，例如《大戴》中《立事》至《天圆》十篇皆冠以“曾子”，或即《汉志》“《曾子》十八篇”中之一部也。《中庸》《坊记》《表记》《缁衣》，据沈约谓皆取《子思子》，或即《汉志》“《子思》二十三篇”中之一部也。《史记正义》谓《乐记》为公孙尼子次撰，刘瓛谓《缁衣》公孙尼子作，即或《汉志》“《公孙尼子》二十八篇”之一部也。如《三年问》《礼三本》《乐记》《乡饮酒义》《劝学》等篇，或一部或全部文同《荀子》，盖录自《荀子》也。如《保傅》及《礼察》之一部，文同贾谊《新书》，盖录自《新书》也。（今本《新书》实赝品。但彼两篇文见贾生《陈政事疏》，可决为贾生作耳。）此外采自各专书者当尚多，惜古籍散佚，不能尽得其来历耳。

两《记》最古之篇，共推《夏小正》，谓与《禹贡》同为夏代遗文。果尔，则四千年之珍秘矣。然自朱熹、方孝孺已大疑之，谓恐出《月令》之后。其实《夏小正》年代勘验甚易，因篇中有纪星躔之文——如“正月，鞠则见，初昏参中，斗柄县在下。”“三月，参则伏”；“四月昴则见，初昏南门正……”等，天文家一推算，当可得其确年也。其最晚者，如《王制》，据卢植云，汉文帝时博士所作。虽尚有疑问（说详次条），如《礼察》《保傅》之出汉人手，则证佐凿然（《礼察》篇有论秦亡语）。如《公冠》篇载“孝昭冠辞”，则为元凤四年以后所编著，更不待问矣。要而论之，两戴《记》中作品，当以战国末、西汉初百余年间为中心，其中什之七八，则代表荀卿一派之儒学思想也。

《礼记》之编纂者及删定者

手编《礼记》者，谁耶？汉、隋《志》，《史》《汉》《儒林传》及各注家皆未言及。惟魏张揖《上广雅表》云：“周公著《尔雅》一篇。爰暨帝刘，鲁人叔孙通撰置《礼记》，文不违古。”（《尔雅》为《礼记》中一篇，说详末段。）揖言必有所据。然则百三十一篇之编纂者或即叔孙通也？但通以后必仍多所增益，如《保傅》《礼察》《公冠》等明出孝文、孝昭后，是其显证。至次第续纂者何人？则不可考矣。

刘向校中书时所谓《礼记》，实合六部分而成。《隋志》云："向检得一百三十篇，因第而叙之。又得《明堂阴阳记》《孔子三朝记》、王氏史氏《记》《乐记》五种，合二百十四篇。"案《汉志·礼家》："记百三十一篇。明堂阴阳三十三篇。王史氏二十一篇。"《乐家》："乐记二十三篇。"《论语家》："孔子三朝记七篇。"凡二百十五篇（《隋志》少一篇）。今《三朝》七篇，明载《大戴》，而郑康成《礼记目录》有"此于《别录》属明堂阴阳……此于《别录》属乐记……"等语，知今本《礼记》各篇，不仅限于"记百三十一篇"之范围内，而《明堂阴阳》等五种皆被采入，故《礼记》实合六部丛书为一部丛书也。王氏、史氏盖皆叔孙通以后继续编纂之人，惟所纂皆在百三十一篇外耳。

大戴删刘向、小戴删大戴之说，起于《隋书·经籍志》（原文前引）。二戴武、宣时人，岂能删哀、平间向、歆所校之书，其谬盖不待辨。至小戴删大戴之说，据《隋志》谓："小戴删定为四十六篇，马融益以《月令》《明堂位》《乐记》，乃成今本之四十九篇。"后人因有以今本《礼记》

除《月令》《明堂位》《乐记》外余四十六篇皆先秦旧籍，惟此三篇为秦汉人作者。此说之所由起，盖以四十六合大戴未佚本之八十五恰为百三十一篇，乃因此附会也。然此说之不可通有二。其一，两戴《记》并非专以百三十一篇为原料。如《三朝记》之七篇、《明堂阴阳》之三十三篇、《乐记》之二十三篇皆有所甄采，已具如前述。合两《戴》以就百三十一篇之数，则置书中所采《明堂》等五种诸篇于何地？其二，两《戴》各篇，并非相避，其最著者，《哀公问》《投壶》两篇，二本今皆见存，《曲礼》《礼器》等七篇（详见前《大戴》目录条附语）亦皆《大戴》逸目。又如《大戴》之《曾子大孝》篇全文见《小戴·祭义》，《诸侯衅庙》篇全文见《小戴·杂记》，《朝事》篇一部分（自“聘礼”至“诸侯务焉”）见《小戴·聘义》，《本事》篇一部分（自“有恩有义”至“圣人因杀以见节”）见《小戴·丧服四制》。其余互相出入之文尚多。然则二戴于百三十一篇之记，殆各以意去取，异同参差，不必此之所弃即彼之所录。牵附篇数以求彼此相足，甚非其真也。

最后当讨论者，则为马融补三篇之问题。云马融补三篇者，盖务节《小戴》为四十六篇以合《大戴》之八十五，求彼此相足。其削趾适屦之情，既如前述。《小戴》四十六篇之说，不知何昉。藉曰有之，则《曲礼》《檀弓》《杂记》各有上下篇，故篇名仅四十六耳。《小戴》篇数之为四十九，则自西汉时已然。《后汉书·桥元传》云："七世祖仁，著《礼记章句》四十九篇，号曰桥君学。"仁，即班固所说小戴授梁人桥仁季卿者也。《曹褒传》云："父充持庆氏礼，褒又传《礼记》四十九篇教授诸生，庆氏学遂行于世。"则褒所受于庆普之《礼记》亦四十九篇也。孔颖达《正义》于《乐记》下云："按《别录》《礼记》四十九篇。"则刘向所校定者正四十九篇也。而郑目录于《王制》下云："此于《别录》属制度。"于《月令》《明堂位》下并云："此于《别录》属明堂阴阳。"益足明此三篇为《别录》所原有，非增自马融也。

内中《王制》篇之来历，据《正义》引卢植云："汉孝文皇帝令博士诸生作此书。"（《经典释文》引同）陈寿祺谓卢说本《史记·封禅书》。据《索隐》引刘向《别录》谓文帝所造书有《本制》《兵制》《服制》等篇。以今《王制》

参检，绝不相合，非一书也（见《左海经辨》）。《月令》篇之来历，据郑目录云："本《吕氏春秋·十二月纪》之首章也，以礼家好事钞合之。后人因题之名曰《礼记》，言周公所作。其中官名、时事多不合周法。"（篇中有"命太尉'，语。太尉，秦官，故郑君断此为秦人书。）寿祺亦力辩其非（文繁不引）。以吾论之，《王制》《月令》非后汉人续补，殆为信谳；然恐是秦、汉间作品。两《戴记》中，秦汉作品甚多，又不独此二篇也。后儒必欲强跻诸周公、孔子之林，非愚则诬耳。

尤有一事当附论者。《汉志》"乐记二十三篇"，今采入《小戴》者只有一篇。郑目录云："此于《别录》属乐记。"谓从二十三篇之《乐记》采出也。《正义》云："盖合十一篇为一篇，谓有《乐本》，有《乐论》，有《乐施》，有《乐言》，有《乐礼》，有《乐情》，有《乐化》，有《乐象》，有《宾牟贾》，有《师乙》，有《魏文侯》。"其余十二篇为《戴》所不采，其名犹见《别录》，曰则：《奏乐》第十二，《乐器》第十三，《乐作》第十四，《意始》第十五，《乐穆》第十六，《说律》第十七，《季札》第十八，《乐道》第十九，《乐义》第二十，《昭本》第二十一，《昭颂》第二十二，《窦公》第二十三也（并见《正义》引）。观此尚可知当时与《礼记》对峙之《乐记》其原形何如。今此十一篇者见采于《小戴》而幸存，其中精粹语极多，余十二篇竟亡，甚可惜也。

以上关于《礼记》应考证之问题略竟。此书似未经刘歆、王肃之徒所窜乱，在古书中较为克葆其真者，此亦差强人意也。

《礼记》之价值

《礼记》之最大价值，在于能供给以研究战国、秦、汉间儒家者流——尤其是荀子一派——学术思想史之极丰富之资料。盖孔氏之学，在此期间始确立，亦在此期间而渐失其真，其蜕变之迹与其几，读此两《戴记》八十余篇最能明了也。今略举其要点如下：

一，孔门本以“礼”为人格教育之一工具，至荀子则更以此为唯一之工具，其末流乃至极繁琐极拘迂，乃至为小小仪节费几许记述几许辩争。读《曲礼》《檀弓》《玉藻》《礼器》《郊特牲》《内则》《少仪》《杂记》《曾子问》……等篇之全部或一部分，其琐与迂实可惊。观此，可见儒学之盛即其所以衰。

二，秦、汉间帝王好人喜功，“封禅”“巡守”“明堂”“辟雍”“正朔”“服色”等之铺张的建设，多由儒生启之，儒生亦不能不广引古制以自张其军，故各篇中比较三代礼乐因革损益之文极多，而大抵属于虚文及琐节。但其间固自有发挥儒家之政法理想及理想的制度，极有价值者，如《王制》《礼运》……等篇是也。

三，为提倡礼学起见，一方面讲求礼之条节，一方面推阐制礼之精意及其功用，以明礼教与人生之关系，使礼治主义能为合理的存在。此种工作，在两《戴记》中，颇有重要之发明及收获。《礼运》《乐记》《礼察》《礼三本》《大传》《三年问》《祭义》《祭统》……等篇，其代表也。

四，孔子设教，惟重力行。其及门者，亲炙而受人格的感化，亦不汲汲以骛高玄精析之论。战国以还，“求知”的学风日昌，而各派所倡理论亦日复杂。儒家受其影响，亦竞进而为哲理的或科学的研究。孟、荀之论性论名实，此其大较也。两《戴记》中亦极能表现此趋势。如《中庸》《大学》《本命》《易本命》……等篇，其代表也。

五，儒家束身制行之道及其教育之理论法则，所引申阐发者亦日多，而两《戴记》荟萃之。《大学》《学记》《劝学》《坊记》《表记》《缁衣》《儒行》……及《曾子》十篇等，其代表也。

要之，欲知儒家根本思想及其蜕变之迹，则除《论语》《孟子》《荀子》外，最要者实为两《礼记》；而《礼记》方面较多，故足供研究资料者亦较广。但研究《礼记》时有应注意两事：

第一，《记》中所述唐虞夏商制度，大率皆儒家推度之辞，不可轻认为历史上实事。即所述周制，亦未必文、武、周公之旧，大抵属于当时一部分社会通行者半，属于儒家理想者半，宜以极谨严的态度观之。

第二，各篇所记“子曰……”“子言之……”等文，不必尽认为孔子之言。盖战国、秦、汉间孔子已渐带有“神话性”，许多神秘的事实皆附之于孔子，立言者亦每托孔子以自重。此其一。“子”为弟子述师之通称，七十子后学者于其本师，亦可称“子”。例如《中庸》《缁衣》……或言采自《子思子》，则篇中之“子”亦可认为指子思，不必定指孔子。此其二。即使果为孔子之言，而展转相传，亦未必无附益或失真。此其三。要之，全两部《礼记》所说，悉认为儒家言则可，认为孔子言则须审择也。

就此两点而论，《礼记》一书，未经汉以后人窜乱，诚视他书为易读，但其著作及编纂者之本身，或不免有若干之特别作用及成见，故障雾亦缘之而滋，读者仍须加一番鉴别也。

读《礼记》法

读《礼记》之人有三种：一、以治古代礼学为目的者。二、以治儒家学术思想史为目的者。三、以常识及修养应用为目的者。今分别略论其法。

以治古代礼学为目的而读《礼记》者：第一，当知《礼记》乃解释《仪礼》之书，必须与《仪礼》合读。第二，须知《周礼》晚出不可信，万不可引《周礼》以解《礼记》或难《礼记》，致自乱其系统。第三，当知《礼记》是一部乱杂的丛书，欲理清眉目，最好是分类纂钞，比较研究，略如唐魏徵《类礼》、元吴澄《礼记纂言》、清江永《礼书纲目》之例。（魏徵书今佚。《唐书》本传云："徵以《小戴礼》综汇不伦，更作《类礼》二十篇。太宗美其书，录置内府。"《谏录》载太宗诏书云："以类相从，别为篇第。并更注解，文义粲然。"）第四，当知此丛书并非出自一人一时代之作，其中各述所闻见所主张，自然不免矛盾，故只宜随文研索，有异同者则并存之，不可强为会通，转生轇轕。以上四义，不过随举所见；吾未尝治此学，不敢谓有心得也。居今日而治古代礼学，诚可不必；然欲研究古代社会史或宗教史者，则礼学实为极重要之研究对象，未可以为僵石而吐弃之也。

以治儒家学术思想史为目的而读《礼记》者，当略以吾前段所举之五事为范围；其条目则（一）儒家对于礼之观念，（二）儒家争辩礼节之态度及其结果，（三）儒家之理想的礼治主义及其制度，（四）礼教与哲学……等等，先标出若干门目而鸟瞰全书，综析其资料，庶可以见彼时代一家学派之真相也。

以常识或修养应用为目的而读《礼记》者，因《小戴记》四十九篇，自唐以来号为“大经”，自明以来列为“五经”之一，诵习之广，次于《诗》《书》，久已形成国民常识之一部，其中精粹语有裨于身心修养及应事接物之用者不少，故吾辈宜宝而读之。惟其书繁重且干燥无味者过半，势不能以全读。吾故不避僭妄，为欲读者区其等第如左：

第一等，《大学》《中庸》《学记》《乐记》《礼运》《王制》；

第二等，《经解》、《坊记》、《表记》、《缁衣》、《儒行》、《大传》、《礼器》之一部分、《祭义》之一部分；

第三等，《曲礼》之一部分、《月令》、《檀弓》之一部分；

第四等，其他。

吾愿学者于第一等诸篇精读，第二、三等摘读，第四等或竟不读可也。右有分等，吾自知为极不科学的、极不论理的、极狂妄的，吾并非对于诸篇有所轩轻。问吾以何为标准，吾亦不能回答。吾惟觉《礼记》为青年不可不读之书，而又为万不能全读之书，吾但以吾之主观的意见，设此方便耳。通人责备，不敢辞也。（右专就《小戴记》言，其《大戴》各篇则三四等居多也。）

《礼记》注释书，至今尚无出郑注、孔疏右者。若非专门研究家，则宜先读白文，有不解则参阅注疏可耳。若专治礼学，则清儒关于三《礼》之良著颇多，恕不悉举也。

《大戴礼记》因传习夙稀，旧无善往，且讹误滋多。清儒卢文弨、戴震先后校勘，始渐可读。孔广森《大戴礼记补注》、汪照《大戴礼记补注》，皆良著也。

附论《尔雅》

《尔雅》今列于《十三经》，陋儒竞相推挹，指为周公所作，甚可笑。其实不过秦、汉间经师诂经之文，好事者编为类书以便参检耳。其书盖本为“记百三十一篇”中之一篇或数篇，而《大戴》曾采录之，张揖《进广雅疏》所谓“《尔雅》一篇，叔孙通撰置《礼记》，文不违古”

也。臧庸列举汉人引《尔雅》称《礼记》之文，如《白虎通·三纲六纪》篇引《礼·亲属记》，文见今《尔雅·释亲》;《孟子》“帝馆甥于贰室”，赵岐注引《礼记》，亦《释亲》文;《风俗通·声音》篇引《礼·乐记》，乃《尔雅·释乐》文;《公羊》宣十二年何休注引《礼记》，乃《尔雅·释水》文。此尤《尔雅》本在《礼记》中之明证也。自刘歆欲立古文学，征募能为《尔雅》者千余人讲论庭中，自此《礼记》中之《尔雅》篇，不知受几许挦扯附益，乃始彪然为大国，骎骎与“六艺”争席矣。

附　录

最低限度之必读书目

右所列五项，倘能依法读之，则国学根柢略立，可以为将来大成之基矣。惟青年学生校课既繁，所治专门别有在，恐仍不能人人按表而读。

今再为拟一真正之最低限度如下：

《四书》《易经》《书经》《诗经》《礼记》《左传》《老子》《墨子》《庄子》《荀子》《韩非子》《战国策》《史记》《汉书》《后汉书》《三国志》《资治通鉴》（或《通鉴纪事本末》）《宋元明史纪事本末》《楚辞》《文选》《李太白集》《杜工部集》《韩昌黎集》《柳河东集》《白香山集》

其他词曲集，随所好选读数种。

以上各书，无论学矿，学工程学……皆须一读；若并此未读，真不能认为中国学人矣。

治国学杂话

学生做课外学问是最必要的。若只求讲堂上功课及格，便算完事，那么你进学校，只是求文凭，并不是求学问。你的人格，先已不可问了；再者，此类人一定没有“自发”的能力，不特不能成为一个学者，亦断不能成为社会上治事领袖人才。

课外学问，自然不专指读书，如试验，如观察自然界……都是极好的。但读课外书，最少要算课外学问的主要部分。

一个人总要养成读书趣味。打算做专门学者，固然要如此；打算做事业家，也要如此。因为我们在工厂里在公司里在议院里……做完一天的工作出来之后，随时立刻可以得着愉快的伴侣，莫过于书籍，莫便于书籍。但是将来这种愉快得着得不着，大概是在学校时代已经决定，因为必须养成读书习惯，才能尝着读书趣味。

人生一世的习惯，出了学校门限，已经铁铸成了，所以在学校中，不读课外书，以养成自己自动的读书习惯，这个人简直是自己剥夺自己终身的幸福。

读书自然不限于读中国书，但中国人对于中国书，最少也该和外国书作平等待遇。你这样待遇他，他给回你的愉快报酬，最少也和读外国书所得的有同等分量。

中国书没有整理过，十分难读，这是人人公认的，但会做学问的人觉得趣味就在这一点；吃现成饭，是最没有意思的事，是最没有出息的人才喜欢的。一种问题，被别人做完了四平八正的编成教科书样子给我读，读去自然是毫不费力，但从这不费力上头结果，便令我的心思不细致不刻入。专门喜欢读这类书的人，久而久之，会把自己创作的才能汩没哩。在纽约、芝加哥笔直的马路、崭新的洋房里舒舒服服混一世，这个人一定是过的毫无意味的平庸生活。若要过有意味的生活，须是哥仑布初到美洲时。

中国学问界，是千年未开的矿穴，矿苗异常丰富。但非我们亲自绞脑筋绞汗水，却开不出来。翻过来看，只要你绞一分脑筋一分汗水，当然还你一分成绩，所以有趣。

所谓中国学问界的矿苗，当然不专指书籍；自然界和社会实况，都是极重要的。但书籍为保存过去原料之一种宝库，且可为现在各实测方面之引线，就这点看来，我们对于书籍之浩瀚，应该欢喜谢他，不应该厌恶他，因为我们的事业比方要开工厂，原料的供给，自然是越丰富越好。

读中国书，自然像披沙拣金，沙多金少，但我们若把他作原料看待，有时寻常人认为极无用的书籍和语句，也许有大功用。须知工厂种类多着呢，一个厂里头还有许多副产物哩，何止金有用，沙也有用。

若问读书方法，我想向诸君上一个条陈。这方法是极陈旧的，极笨极麻烦的，然而实在是极必要的。什么方法呢？是钞录或笔记。

我们读一部名著，看见他征引那么繁博，分析那么细密，动辄伸着舌头说道：这个人不知有多大记忆力，记得许多东西。这是他的特别天才，我们不能学步了。其实那里有这回事。好记性的人不见得便有智慧。有智慧的人，比较的倒是记性不甚好。你所看见者是他发表出来的成果，不知他这成果，原是从铢积寸累困知勉行得来。大抵凡一个大学者平日用功，总是有无数小册子或单纸片。读书看见一段资料，觉其有用者，即刻钞下。（短的钞全文，长的摘要，记书名卷数叶数。）资料渐渐积得丰富，再用眼光来整理分析他，便成一篇名著。想看这种痕迹，读赵瓯北的《二十二史劄记》、陈兰甫的《东塾读书记》，最容易看出来。

这种工作，笨是笨极了，苦是苦极了，但真正做学问的人，总离不了这条路。做动植物的人，懒得采集标本，说他会有新发明，天下怕没有这种便宜事。

发明的最初动机在注意，钞书便是促醒注意及继续保存注意的最好方法。当读一书时，忽然感觉这一段资料可注意，把他钞下，这件资料自然有一微微的印象印入脑中，和滑眼看过不同。经过这一番后，过些时碰着第二个资料和这个有关系的，又把他钞下，那注意便加浓一度。经过几次之后，每翻一书，遇有这项资料，便活跳在纸上，不必劳神费力去找了。这是我多年经验得来的实况。诸君试拿一年工夫去试试，当知我不说谎。

先辈每教人不可轻言著述，因为未成熟的见解公布出来，会自误误人。这原是不错的，但青年学生“斐然当述作之誉”，也是实际上鞭策学问的一种妙用。譬如同是读《文献通考》的《钱币考》、各史《食货志》中钱币项下各文，泛泛读去，没有什么所得；倘若你一面读一面便打主意做一篇《中国货币沿革考》，这篇考做的好不好，另一问题，你所读的自然加几倍受用。

譬如同读一部《荀子》，某甲泛泛读去，某乙一面读，一面打主意做部《荀子学案》，读过之后，两个人的印象深浅，自然不同，所以我很奖劝青年好著书的习惯。至于所著的书，拿不拿给人看，什么时候才认成功，这还不是你的自由吗？

每日所读之书，最好分两类：一类是精熟的，一类是涉览的；因为我们一面要养成读书心细的习惯，一面要养成读书眼快的习惯。心不细则毫无所得，等于白读；眼不快则时候不彀用，不能博搜资料。诸经、诸子、四史、《通鉴》等书，宜入精读之部，每日指定某时刻读他，读时一字不放过，读完一部才读别部，想钞录的随读随钞。另外指出一时刻，随意涉览：觉得有趣，注意细看；觉得无趣，便翻次叶；遇有想钞录的，也俟读完再钞，当时勿窒其机。

诸君勿因初读中国书，勤劳大而结果少，便生退悔，因为我们读书，并不是想专向现时所读这一本书里讨现钱现货的得多少报酬，最要紧的是涵养成好读书的习惯，和磨炼出善读书的脑力。青年期所读各书，不外借来做达这两个目的的梯子。我所说的前提倘若不错，则读外国书和读中国书当然都各有益处。外国名著，组织得好，易引起趣味；他的研究方法，整整齐齐摆出来，可以做我们模范。这是好处。我们滑眼读去，容易变成享现成福的少爷们，不知甘苦来历。这是坏处。中国书未经整理，一读便是一个闷头棍，每每打断趣味。这是坏处。逼着你披荆斩棘，寻路来走，或者走许多冤枉路。（只要走路，断无冤枉。走错了回头，便是绝好教训。）从甘苦阅历中磨炼出智慧，得苦尽甘来的趣味，那智慧和趣味却最真切。这是好处。

还有一件，我在前项书目表中有好几处写“希望熟读成诵”字样。我想诸君或者以为甚难，也许反对说我顽旧，但我有我的意思。我并不是奖励人勉强记忆，我所希望熟读成诵的有两种类：一种类是最有价值的文学作品，一种类是有益身心的格言。好文学是涵养情趣的工具，做一个民族的分子，总须对于本民族的好文学十分领略。能熟读成诵，才在我们的“下意识”里头，得着根柢。不知不觉会“发酵”有益身心的圣哲格言，一部分久已在我们全社会上形成共同意识，我既做这社会的分子，总要澈底了解他，才不至和共同意识生隔阂；一方面我们应事接物时候，常常仗他给我们的光明。要平日摩得熟，临时才得着用。我所以有些书希望熟读成诵者在此，但亦不过一种格外希望而已，并不谓非如此不可。

最后我还专向清华同学诸君说几句话。我希望诸君对于国学的修养，比旁的学校学生格外加功。诸君受社会恩惠，是比别人独优的，诸君将来在全社会上一定占势力，是眼看得见的。诸君回国之后，对于中国文化有无贡献便是诸君功罪的标准。

任你学成一位天字第一号形神毕肖的美国学者，只怕于中国文化没有多少影响。若这样便有影响，我们把美国蓝眼睛的大博士抬一百几十位来便彀了，又何必诸君呢？诸君须要牢牢记着你不是美国学生，是中国留学生。如何才配叫做中国留学生？请你自己打主意罢。

治国学的两条大路

诸君！我对于贵会，本来预定演讲的题目是“古书之真伪及其年代”。中间因为有病，不能履行原约。现在我快要离开南京了，那个题目不是一回可以讲完，而且范围亦太窄，现在改讲本题，或者较为提纲挈领于诸君有益罢。

我以为研究国学有两条应走的大路：

一、文献的学问，应该用客观的科学方法去研究。

二、德性的学问，应该用内省的和躬行的方法去研究。

第一条路，便是近人所讲的“整理国故”这部分事业。这部分事业最浩博、最繁难又且最有趣的，便是历史。我们是有五千年文化的民族；我们一家里弟兄姊妹们便占了全人类四分之一；我们的祖宗世世代代在“宇宙进化线”上头不断的做他们的工作；我们替人类积下一大份遗产，从五千年前的老祖宗手里一直传到今日没有失掉，我们许多文化产品，都用我们极优美的文字记录下来，虽然记录方法不很整齐，虽然所记录的随时散失了不少；但即以现存的正史、别史、杂史、编年、纪事本末、法典、政书、方志、谱牒以及各种笔记、金石、刻文等类而论，十层大楼的图书馆也容不下；拿历史家眼光看来，一字一句，都藏有极可宝贵的史料，又不独史部书而已，一切古书，有许多人见为无用者，拿他当历史读，都立刻变成有用。章实斋说：“六经皆史”，这句话我原不敢赞成；但从历史家的立脚点看，说“六经皆史料”，那便通了。既如此说，则何只六经皆史？也可以诸子皆史，诗文集皆史，小说皆史，因为里头一字一句都藏有极可宝贵的史料，和史部书同一价值，我们家里头这些史料，真算得世界第一个丰富矿穴，从前仅用土法开采，采不出什么来；现在我们懂得西法了，从外国运来许多开矿机器了。这种机器是什么？是科学方法，我们只要把这种方法运用得精密巧妙而且耐烦，自然会将这学术界无尽藏的富源开发出来，不独对得起先人，而且可以替世界人类恢复许多公共产业。

这种方法之应用，我在去年所著的《历史研究法》和前两个月在本校所讲的《历史统计学》里头，已经说过大概。虽然还有许多不尽之处，但我敢说这条路是不错的，诸君倘肯循着路深究下去，自然也会发出许多支路，不必我细说了。但我们要知道：这个矿太大了，非分段开采不能成功，非一直开到深处不能得着宝贝。我们一个人一生的精力，能彀彻底开通这几处矿苗便算了不得的大事业，因此我们感觉着有发起一个"合作的史学运动"之必要，合起一群人在一个共同目的共同计画之下，各人从其性之所好以及平时的学问根底，各人分担三两门做"窄而深"的研究，拼着一二十年工夫下去，这个矿或者开得有点眉目了。

此外和史学范围相出入或者性质相类似的文献学还有许多，都是要用科学方法研究去。例如：

（1）文字学　我们的单音文字，每一个字都含有许多学问意味在里头，若能用新眼光去研究，做成一部"新说文解字”，可以当作一部民族思想变迁史或社会心理进化史读。

（2）社会状态学　我国幅员广漠，种族复杂，数千年前之初民的社会组织，与现代号称最进步的组织，同时并存。试到各省区的穷乡僻壤，更进一步入到苗子、番子居住的地方，再拿二十四史里头蛮夷传所记的风俗来参证，我们可以看见现代社会学者许多想像的事项，或者证实，或者要加修正。总而言之，几千年间一部竖的进化史，在一块横的地平上可以同时看出，除了我们中国以外恐怕没有第二个国了。我们若从这方面精密研究，真是最有趣味的事。

（3）古典考释学　我们因为文化太古，书籍太多，所以真伪杂陈，很费别择，或者文义艰深，难以索解，我们治国学的人，为节省后人精力而且令学问容易普及起见，应该负一种责任，将所有重要古典，都重新审定一番，解释一番。这种工作，前清一代的学者已经做得不少。我们一面凭借他们的基础，容易进行；一面我们因外国学问的触发，可以有许多补他们所不及。所以从这方面研究，又是极有趣味的事。

（4）艺术鉴评学　我们有极优美的文学美术作品，我们应该认识他的价值，而且将赏鉴的方法传授给多数人，令国民成为“美化”。这种工作，又要另外一帮人去做，我们里头有性情近于这一路的，便应该以此自任。

以上几件，都是举其最重要者。其实文献学所包含的范围还有许多，就是以上所讲的几件，剖析下去，每件都有无数的细目。我们做这类文献学问，要悬三个标准以求到达：

第一求真　凡研究一种客观的事实，须先要知道他“的确是如此”，才能判断他“为什么如此”。文献部分的学问，多属过去陈迹，以讹传讹失其真相者甚多。我们总要用很谨严的态度，仔细别择，把许多伪书和伪事剔去，把前人的误解修正，才可以看出真面目来。这种工作，前清“乾嘉诸老”也曾努力过一番；有名的清学正统派之考证学便是。但依我看来，还早得很哩。他们的工作，算是经学方面做得最多，史学方面便差得远，佛学方面却完全没有动手哩。况且我们现在做这种工作，眼光又和先辈不同，所凭借的资料也比先辈们为多。我们应该开出一派“新考证学”，这片大殖民地，很彀我们受用咧。

第二求博　我们要明白一件事物的真相，不能靠单文孤证便下武断，所以要将同类或有关系的事情网罗起来贯串比较，愈多愈妙，比方做生物学的人，采集各种标本，愈多愈妙。我们可以用统计的精神，作大量观察。我们可以先立出若干种“假定”，然后不断的搜罗资料，来测验这“假定”是否正确。若能善用这些法门，真如韩昌黎说的，“牛溲马勃，败鼓之皮，兼收并蓄，待用无遗”，许多前人认为无用的资料，我们都可以把他废物利用了。

但求博也有两个条件，荀子说：“好一则博”；又说：“以浅持博。”我们要做博的工夫，只能择一两件专门之业为自己性情最近者做去，从极狭的范围内生出极博来。否则，便连一件也博不成。这便是好一则博的道理。又，满屋散钱，穿不起来，虽多也是无用。资料越发丰富，则驾驭资料越发繁难。总须先求得个“一以贯之”的线索，才不至“博而寡要”。这便是以浅持博的道理。

第三求通　好一固然是求学的主要法门，但容易发生一种毛病，这毛病我替他起个名，叫做“显微镜生活”。镜里头的事物看得纤悉周备，镜以外却完全不见，这样子做学问，也常常会判断错误。所以我们虽然专门一种学问，却切不要忘却别门学问和这门学问的关系；在本门中，也常要注意各方面相互之关系，这些关系有许多在表面上看不出来的，我们要用锐利眼光去求得他。能常常注意关系，才可以成通学。以上上篇

以上关于文献学，算是讲完，两条路已言其一。此外则为德性学。此学应用内省及躬行的方法来研究，与文献学之应以客观的科学方法研究者绝不同。这可说是国学里最重要的一部份，人人应当领会的。必走通了这一条路，乃能走上那一条路。

近来国人对于知识方面，很是注意，整理国故的名词，我们也听得纯熟。诚然整理国故，我们是认为急务；不过若是谓除整理国故外，遂别无学问，那却不然。我们的祖宗遗予我们的文献宝藏，诚然足以傲世界各国而无愧色，但是我们最特出之点，仍不在此。其学为何？即人生哲学是。

欧洲哲学上的波澜，就哲学史家的眼光看来，不过是主智主义与反主智主义两派之互相起伏。主智者主智；反主智者即主情、主意。本来人生方面，也只有智、情、意三者。不过欧人对主智，特别注重；而于主情、主意，亦未能十分贴近人生。盖欧人讲学，始终未以人生为出发点；至于中国古哲就不然，无论何时代何宗派之著述，夙皆归纳于人生这一途，而于西方哲人精神萃集处之宇宙原理、物质公例，等等，倒都不视为首要。故《荀子·儒效篇》曰："道，仁之隆也……非天之道，非地之道，人之所以道也。"儒家既纯以人生为出发点，所以以"人之所以道"为第一位，而于天之道等等，悉以置诸第二位。而欧西则自希腊以来，即研究他们所谓的形上学。一天到晚，只在那里高谈宇宙原理，凭空冥索，终少归宿到人生这一点。苏格拉底号称西方的孔子，很想从人生这一方面做工夫，但所得也十分幼稚。他的弟子柏拉图，更不晓得循着这条路去发挥，至全弃其师傅，而复研究其所谓天之道。亚里斯多德出，于是又反趋于科学。后人有谓道源于亚里斯多德的话，其实他也不过仅于科学方面，有所创发，离人生毕竟还远得很。迨后斯端一派，大概可与中国的墨子相当；对于儒家，仍是望尘莫及。一到中世纪，欧洲全部，统成了宗教化。残酷的罗马人与日耳曼人，悉受了宗教的感化，而渐进于迷信。宗教方面，本来主情意的居多；但是纯以客观的上帝来解决人生，终竟离题尚远。后来再一个大反动，便是文艺复兴，遂一变主情、主意之宗教，而代以理智。近代康德之讲范畴，范围更过于严谨，好像我们的临九宫格一般。所以他们这些，都可说是没有找到人生的大道上去，直至詹姆士、柏格森、倭铿等出，才感觉到非改走别的路不可，很努力的从体验人生上做去，也算是把从前机械的唯物的人生观，拨开几重云雾。但是真果拿来与我们儒家相比，我可以说仍然幼稚。

总而言之，西方讲他的形上学，我们承认有他独到之处。换一方面，讲客观的科学，也非我们所能及。不过最奇怪的，是他们讲人生也用这种方法，结果真弄到个莫明其妙。譬如用形上学的方法讲人，绝不想到是从人生的本体来自证，却高谈玄妙，把冥冥莫测的上帝来对喻。再如用科学的方法讲，尤为妙极。试问人生是什么？是否可以某部当几何之一角，当三角之一边？是否可以用化学的公式来化分化合，或是用几种原质来造成？再如达尔文之用生物进化说来讲人生，征考详博。科学亦莫能摇动，总算是壁垒坚固，但是果真要问他个人之所以异于禽兽者安在？人既自猿进化而来，为什么人自人而猿终为猿？恐怕他也不能给我们以很有理由的解答。总之，西人所用的几种方法，仅能彀用之以研究人生以外的各种问题；人，决不是这样机械易与的。欧洲人却始终未澈悟到这一点，只盲目的往前做，结果造成了今日的烦闷，彷徨莫知所措。盖中世纪时，人心还能依赖着宗教过活；及乎今日，科学昌明，赖以醉麻人生的宗教完全失去了根据。人类本从下等动物蜕化而来，那里有什么上帝创造？宇宙一切现象，不过是物质和他的运动，还有什么灵魂？来世的天堂，既渺不可凭，眼前的利害，复日相肉迫。怀疑失望，都由之而起，真正是他们所谓的“世纪末”了。

以上我们看西洋人何等可怜！肉搏于这种机械唯物的枯燥生活当中，真可说是始终未闻大道！我们不应当导他们于我们祖宗这一条路上去吗？以下便略讲讲我们的祖宗精神所在。我们看看是否可以终身受用不尽，并可以救他们西人物质生活之疲敝？

我们先儒始终看得知行是一贯的，从无看到是分离的。后人多谓知行合一之说，为王阳明所首倡，其实阳明也不过是就孔子已有的发挥。孔子一生为人，处处是知行一贯。从他的言论上，也可以看得出来，他说学而不厌，又说为而不厌，可知学即是为，为即是学。盖以知识之扩大，在人努力的自为，从不像西人之从知识方法而求知识，所以王阳明曰：知而不行，是谓不知。所以说这类学问，必须自证，必须躬行，这却是西人始终未看得的一点。

又儒家看得宇宙人生是不可分的。宇宙绝不是另外一件东西，乃是人生的活动，故宇宙的进化，全基于人类努力的创造。所以《易经》曰："天行健，君子以自强不息。"又看得宇宙无圆满之时，故易卦六十四，始"乾"而以"未济"终。盖宇宙"既济"则乾坤已息，还复有何人类？吾人在此未圆满的宇宙中，只有努力的向前创造；这一点，柏格森所见的，也很与儒家相近。他说宇宙一切现象，乃是意识流转所构成，方生已灭，方灭已生，生灭相衔，更成进化；这些生灭，都是人种自由意识发动的结果。所以人类日日创造，日日进化。这意识流转，就唤作精神生活，是要从内省直觉得来的。我们既知道变化流转，就是宇宙真相，又知道变化流转之权，操之在我，所以孔子曰："人能弘道；非道弘人。"儒家既看清了以上各点，所以他的人生观，十分美渥，生趣盎然。人生在此不尽的宇宙当中，不过是蜉蝣朝露一般，向前做得一点是一点，既不望其成功，苦乐遂不系于目的物，完全在我，真所谓"无入而不自得"。有了这种精神生活，再来研究任何学问，还有什么不成？那末，或有人说，宇宙既是没有圆满的时期，我们何不静止不作，好吗？其实不然，人既为动物，便有动作的本能，穿衣吃饭，也是要动的。既是人生非动不可，我们就何妨就我们所喜欢作的，所认为当作的作下去，我们最后的光明，固然是远在几千万年几万万年之后，但是我们的责任，不是叫一蹴而几的达到目的地；是叫我们的目的地，日近一日；我们的祖宗，尧、舜、禹、汤、孔、孟，……在他们的进行中，长的或跑了一尺，短的亦跑过数寸，积累而成，才有今日；我们现在无论是一寸半分，只要往前凑，才是。为现在即将来的人类受用，这都是不可逃的责任。孔子曰："士不可以不弘毅；任重而道远。仁以为己任，不亦重乎？死而后已，不亦远乎？"所以我们虽然晓得道远之不可致，还是要努力的到死而后已，故孔子是"知其不可而为之者"。正为其知其不可而为，所以生活上才满含着春意。若是不然，先计较他可为不可为，那末，情志便系于外物，忧乐便关乎得失；或竟因为计较利害的原故，使许多应做的事，反而不做。这样，还那里领略到生活的乐趣哩？

再其次，儒家是不承认人是单独可以存在的，故"仁"的社会，为儒家理想的大同社会，仁字从二人，郑玄曰："仁，相人偶也。"（《礼记》注。）非人与人相偶，则"仁"的概念不能成立。故孤行执异，绝非儒家所许。盖人格专靠各个自己，是不能完成。假如世界没有别人，我的人格，从何表现？譬如全社会都是罪恶，我的人格受了传染和压迫，如何能健全？由此可知人格是个共同的，不是孤零的；想自己的人格向上，唯一的方法，是要社会的人格向上，然而社会的人格，本是各个自己化合而成，想社会的人格向上，唯一的方法，又是要自己的人格向上，明白这个意力和环境提携，便成进化的道理。所以孔子教人："己欲立，而立人。己欲达，而达人。"所谓立人达人，非立达别人之谓，乃立达人类之谓。彼我合组成人类，故立达彼，即是立达人类；立达人类，即是立达自己。更用"取譬"的方法，来体验这个达字，才算是"仁之方"。其他《论语》一书，讲仁字的，屡见不一见。儒家何为把仁字看得怎么重要呢？即上面所讲的，儒家学问，专以研究"人之所以道"为本；明乎仁，人之所以道自见。孟子曰："仁也者，人也。合而言之，道也。"盖仁之概念，与人之概念相函。人者，通彼我而始得名，彼我通，乃得谓之仁。知乎人与人相通，所以我的好恶，即是人的好恶，我的精神中，同时也含有人的精神。不徒是现世的人为然，即如孔、孟远在二千年前，他的精神，亦浸润在国民脑中不少，可见彼我相通，虽历百世不梗；儒家从这一方面看得至深且切，而又能躬行实践，"无终食之间违仁"，这种精神，影响于国民性者至大。即此一分家业，我可以说真是全世界唯一无二的至宝。这绝不是用科学的方法可研究得来的，要全用内省的工夫，实行体验。体验而后，再为躬行实践，养成了这副美妙的仁的人生观，生趣盎然的向前进；无论研究什么学问，管许是兴致勃勃。孔子曰“仁者不忧”，就是这个道理。不幸汉以后这种精神便无人继续的弘发，人生观也渐趋于机械。八股制兴，孔子的真面目日失。后人日称“寻孔颜乐处”，究竟孔、颜乐处在那里？还是莫明其妙。我们既然诵法孔子，应该好好保有这分家私——美妙的人生观——才不愧是圣人之徒啊！

此外我们国学的第二源泉，就是佛教。佛，本传于印度，但是盛于中国。现在大乘各派，五印全绝；正法一派，全在中国。欧洲人研究佛学的日多，梵文所有的经典，差不多都翻出来。但向梵文里头求大乘，能得多少？我们自创的宗派，更不必论了。像我们的禅宗，真可算得应用的佛教，世间的佛教。的确是印度以外才能发生，的确是表现中国人的特质，叫出世法与入世法并行不悖。他所讲的宇宙精微，的确还在儒家之上。说宇宙流动不居，永无圆满，可说是与儒家相同。曰“一众生不成佛，我誓不成佛”，即孔子立人、达人之意，盖宇宙最后目的，乃是求得一大人格实现之圆满相，绝非求得少数个人超拔的意思。儒、佛所略不同的，就是一偏于现世的居多；一偏于出世的多。至于他的共同目的，都是愿世人精神方面，完全自由。现在自由二字，误解者不知多少，其实人类外界的束缚，他力的压迫，终有方法解除；最怕的是心为形役，自己做自己的奴隶，儒、佛用许多的话来教人，想叫把精神方面的自缚，解放净尽，顶天立地，成一个真正自由的人。这点佛家弘发得更为深透，真可以说佛教是全世界文化的最高产品。这话，东西人士，都不能否认。此后全世界受用于此的正多，我们先人既辛苦的为我们创下这分家业，我们自当好好的承受，因为这是人生唯一安身立命之具。有了这种安身立命之具，再来就性之所近的，去研究一种学问，那末，才算尽了人生的责任。

诸君听了我这两夜的演讲，自然明白我们中国文化，比世界各国并无逊色。那一般沉醉西风，说中国一无所有的人，自属浅薄可笑。《论语》曰：“人虽欲自绝，其何伤于日月乎？多见其不知量也！”这边的诸同学，从不对于国学轻下批评，这是很好的现象；固然，我也听有许多人讽刺南京的学生守旧，但是只要旧的好，守旧又何足诟病？所以我愿此次的演讲，更能够多多增进诸君以研究国学的兴味！以上下篇（《国学研究会演讲集》）

（按：此文为梁任公先生为东南大学国学研究会演讲所作，原分上下篇。李竞芳曰："梁先生在宁讲学数月，每次讲稿，均先期手自编定。此次因离宁在即，应接少暇，故本讲稿仅成其上篇，下篇则由竞芳笔记，仅为附识。"云云。）

评胡适之的“一个最低限度的国学书目”

胡君这书目，我是不赞成的，因为他文不对题。胡君说：“并不为国学有根柢的人设想，只为普通青年人想得一点系统的国学知识的人设想。”依我看，这个书目，为“国学已略有根柢而知识绝无系统”的人说法，或者还有一部分适用。我想，《清华周刊》诸君，所想请教胡君的并不在此，乃是替那些“除却读商务印书馆教科书之外没有读过一部中国书”的青年们打算。若我所猜不错，那么，胡君答案，相隔太远了。

胡君致误之由，第一在不顾客观的事实，专凭自己主观为立脚点。胡君正在做《中国哲学史》《中国文学史》，这个书目正是表示他自己思想的路径和所凭的资料。（对不对又另是一问题。现在且不讨论。）殊不知一般青年，并不是人人都要做哲学史家、文学史家；不是作哲学史家、文学史家，这里头的书什有七八可以不读。真要做哲学史、文学史家，这些书却又不够了。

胡君第二点误处，在把应读书和应备书混为一谈。结果不是个人读书最低限度，却是私人及公共机关小图书馆之最低限度。（但也不对，只好说是哲学史、文学史家私人小图书馆之最低限度。）殊不知青年学生（尤其清华），正苦于跑进图书馆里头不知读什么书才好，不知如何读法，你给他一张图书馆书目，有何用处？何况私人购书，谈何容易？这张书目，如何能人人购置？结果还不是一句话吗？

我最诧异的，胡君为什么把史部书一概屏绝。一张书目名字叫做“国学最低限度”，里头有什么《三侠五义》《九命奇冤》，却没有《史记》《汉书》《资治通鉴》，岂非笑话？若说《史》《汉》《通鉴》是要“为国学有根柢的人设想”才列举，恐无此理。若说不读《三侠五义》《九命奇冤》，便彀不上国学最低限度，不瞒胡君说，区区小子便是没有读过这两部书的人。我虽自知学问浅陋，说我连国学最低限度都没有，我却不服。

平心而论，做文学史（尤其做白话文学史）的人，这些书自然该读；但胡君如何能因为自己爱做文学史便强一般青年跟着你走。譬如某人喜欢金石学，尽可将金石类书列出一张系统的研究书目；某人喜欢地理学，尽可以将地理类书列出一张系统的研究书目。虽然只是为本行人说法，不能应用于一般。依我看，胡君所列各书，大半和《金石萃编》、《窸斋集古录》、《殷墟书契考释》（金石类书）、《水道提纲》、《朔方备乘》、《元史译文证补》（地理类书）等等同一性质，虽不是不应读之书，却断不是人人必应读之书。胡君覆《清华周刊》信说："我的意思，是要一班留学生，知道《元曲选》等是应该知道的书。"依着这句话，留学生最少也该知道《殷虚书契考释》《朔方备乘》……是应该知道的书，那么，将一部《四库全书总目》搬字过纸，更列举后出书千数百种便了，何必更开最低限度书目？须知"知道"是一件事，"必读"又别是一件事。

我的主张，很是平淡无奇。我认定史部书为国学最主要部分，除先秦几部经书几部子书之外，最要紧的便是读正史、《通鉴》《宋元明纪事本末》和九通中之一部分，以及关系史学之笔记文集等，算是国学常识，凡属中国读书人都要读的。有了这种常识之人不自满足，想进一步做专门学者时，你若想做哲学史家、文学史家，你就请教胡君这张书目；你若想做别一项专门家，还有许多门，我也可以勉强照胡君样子，替你另开一张书目哩。

胡君对于自己所好的两门学问研究甚深，别择力甚锐，以为一般青年也该如此，不必再为别择，所以把许多书目胪列出来了。试思一百多册的《正谊堂全书》，千篇一律的“理气性命”，叫青年何从读起？何止《正谊堂》，即以《浙刻二十二子》论，告诉青年说，这书该读，他又何从读起？至于其文学史之部所列《全上古三代秦汉三国六朝文》《全汉三国晋南北朝诗》《古文苑》《续古文苑》《唐文粹》《全唐诗》《宋文鉴》《南宋文范》《南宋文录》《宋诗钞》《宋六十家词》《四印斋宋元词》《彊村所刻词》《元曲选百种》《金文最》《元文类》《明文在》《列朝诗集》《明诗综》《六十种曲》等书，我大略估计，恐怕总数在一千册以上，叫人从何读起？青年学生，因为我们是“老马识途”，虚心请教，最少也应告诉他一个先后次序：例如唐诗该先读某家，后读某家，不能说你去读《全唐诗》便了；宋词该先读某家，后读某家，不能说请你把王幼霞、朱古微所刻的都读。若说你全部读过后自会别择，诚然不错，只怕他索性不读了。何况青年若有这许多精力日力来读胡君指定的一千多册文学书，何如用来读二十四史、九通呢？

还有一层，胡君忘却学生没有最普通的国学常识时，有许多书是不能读的。试问连《史记》没有读过的人，读崔适《史记探源》，懂他说的什么？连《尚书》《史记》《礼记》《国语》没有读过的人，读崔述《考信录》，懂他说的什么？连《史记·儒林传》《汉书·艺文志》没有读过的人，读康有为《新学伪经考》，懂他说的什么？这不过随手举几个例，其他可以类推。假如有一位学生（假定还是专门研究思想史的学生），敬谨遵依胡君之教，顺着他所列书目读去，他的书明明没有《尚书》《史记》《汉书》这几部书，你想这位学生，读到崔述、康有为、崔适的著述时，该怎么样狼狈呢？

胡君之意，或者以这位学生早已读过《尚书》《史记》《汉书》为前提，以为这样普通书，你当然读过，何必我说？那么，《四书》更普通，何以又列入呢？总而言之，《尚书》《史记》《汉书》《资治通鉴》为国学最低限度不必要之书，《正谊堂全书》《缀白裘》《儿女英雄传》反是必要之书，真不能不算石破天惊的怪论。（思想之部，连《易经》也没有，什么原故，我也要求胡君答覆。）

总而言之，胡君这篇书目，从一方面看，嫌他罣漏太多；从别方面看，嫌他博而寡要，我认为是不合用的。

附梁先生致《清华周刊》记者书

《清华周刊》记者足下：

《国学入门书要目及其读法》一篇呈上，别属开留美应带书目，颇难着笔。各书内容，拙著中已简单论及，诸君一读后，可择所好者购携。

大学普通重要诸书，各校图书馆多有，自不必带；所带者总是为自己随时讽诵或用功时任意批注而设。试择其最普通者：《四书集注》、石印《正续文献通考》《相台本五经单注》、石印《文选》、石印《浙刻二十二子》《李太白集》《墨子间诂》《杜工部集》《荀子集解》《白香山集》、铅印《四史》《柳柳州集》、铅印《正续资治通鉴》《东坡诗集》。若欲带选本诗，则《古诗源》《唐诗别裁》勉强可用。欲带选本词，则张皋文《词选》、周止庵《宋四家词选》、谭仲修《箧中词》，勉强可用。（此五书原目皆未列。）其余涉览书类，择所喜者带数种亦可，因此等书外国图书馆或无有也。

编后记

本书是由梁启超先生为指导读者学习国学所作的演讲稿结集而成。内容主要由《国学入门书要目及其读法》(1923)、《要籍解题及其读法》(1924)、《治国学的两条大路》等部分组成。梁启超先生本着帮助青年读者的目的，在讲稿中谈了许多切身的读书经验，直到今天对我们仍然有着重要的启发意义。编者在从繁体转变为简体的过程中，仅对个别字词或者明显错讹之处做了修改，其余则保持作品原貌，以飨读者。